下肢稳定性评价方法
及干预手段
—— 以男排运动员为例

王隽 / 著

中央民族大学出版社
China Minzu University Press

图书在版编目（CIP）数据

下肢稳定性评价方法及干预手段：以男排运动员为例 / 王隽著 . —北京：中央民族大学出版社，2021.6（2023.1 重印）

ISBN 978-7-5660-1863-2

Ⅰ . ①下… Ⅱ . ①王… Ⅲ . ①男子项目－排球运动－运动训练 Ⅳ . ① G842

中国版本图书馆 CIP 数据核字（2020）第 272929 号

下肢稳定性评价方法及干预手段——以男排运动员为例

著　　者	王　隽
策划编辑	赵秀琴
责任编辑	陈　琳
封面设计	舒刚卫
出版发行	中央民族大学出版社

北京市海淀区中关村南大街 27 号　　邮编：100081

电话：（010）68472815（发行部）　　传真：（010）68933757（发行部）

　　　（010）68932218（总编室）　　　　　　（010）68932447（办公室）

经 销 者	全国各地新华书店
印 刷 厂	北京鑫宇图源印刷科技有限公司
开　　本	787×1092　1/16　印张：11.5
字　　数	141 千字
版　　次	2021 年 6 月第 1 版　2023 年 1 月第 2 次印刷
书　　号	ISBN 978-7-5660-1863-2
定　　价	52.00 元

目　录

绪　　论

生物力学领域里的关节稳定性依靠三种因素来维持，即骨骼、韧带和肌肉（腱）。国内外的相关文献多是从解剖学和生物力学的角度，通过对关节解剖结构的分析和各种测试指标的评价来评定关节的稳定性。竞技体育的研究对象是追求人类运动极限的运动员，因此在解剖学和生物力学的意义上研究关节的稳定是不够的，专项运动中的关节稳定性和传统生物学意义上的稳定性明显不同。关于这方面的文献相对较少，如何对专项运动中的关节稳定性进行评价和干预更是鲜有系统的研究和文献著述。

一、排球项目的特征决定了下肢关节稳定性的重要性

排球运动自1895年诞生至今，已经拥有一百多年的历史。在这一百多年的发展历程中，排球项目已发展成为世界上最普遍、最受欢迎的运动项目之一。随着排球技术的不断发展，世界排球强队的进攻战术发生了极其深刻的变化，如由跳发球技术、后排进攻战术，以及由前排进攻和后排进攻发展到立体进攻战术等。这些技战术的重大变化使得球速越来越快、力量越来越大，这就要求运动员在具备高超的技术、灵活运用各种战术的能力的同时具备良好的体能，如较强的弹跳力、坚实的腰腹肌力量和快速

的判断能力。

　　排球比赛自实施每球得分制以来，竞争更加激烈，负荷强度增大。以北京奥运会为例，男子排球比赛平均每场比赛时间为109分钟，最长的一场甚至达到145分钟。而北京奥运会男子排球比赛每局的比赛时间平均为24—27分钟，决胜局的比赛时间一般在16分钟左右。[1]

　　据统计，一场高水平的比赛，全队扣球多达240次左右，平均每人40多次（自由人除外），拦网300次左右，平均每人近50次。[2]由世界高水平球队的获胜经验可知，要获得比赛的胜利，就要做到体能、智能、战术、技术、心理等因素的高度协调发展。[2]

　　正如国际排球联合会前任主席鲁本·阿科斯塔所说的"速度和变化是世界排球发展的趋势，快些，快些，再快些，速度是排球的未来"[3]。而移动速度的根本、弹跳高度的基础、进攻战术的快速成型都有一个关键的保证，就是下肢关节的稳定性。由表1排球运动动作模式特点可以看出，下肢关节的灵活性和稳定性对于排球运动项目具有重要的作用和意义，它在很大程度上可以影响整场比赛的技战术发挥。

表 1　排球运动动作模式特点

动作模式名称	特点
移动	多方向、短距离、快速、下肢动作灵活
跳	单脚完成/双脚完成
蹲	包括双腿同时完成的半蹲、深蹲，前后分腿蹲
多种不同身体姿势的转换	快速反应
扣球、拦网	无固定支撑，在空中完成

二、下肢关节的稳定性左右了男排运动员专项能力的发挥

在近20年的排球项目身体素质训练研究中，多位学者对排球项目的专项身体素质需求进行了调查和总结，结果显示，弹跳力（弹跳耐力）、速度、灵敏性是与排球项目直接相关且比较重要的专项素质。张克仁等[4]（1995）认为，排球运动员的专项身体素质应包括肌肉力量、速度、耐力、柔韧性和调控能力。张欣[5]将排球运动员的身体素质分为3个层次，其中最高层次是速度、力量、灵敏性和协调性。他认为其中速度的比例要大于力量。文静等[6]认为排球运动员的身体素质应包括力量类、弹跳力类、耐力类、速度灵敏类和柔韧类5类，其中五大指标权重的排序是力量类、弹跳力类、耐力类、速度灵敏类和柔韧类。金宗强[7]在总结前人研究的基础上，认为排球运动员的专项素质重点是速度、爆发力和灵敏协调。董榴英[8]认为排球运动员除了应当拥有全面的身体素质外，还必须具备良好的弹跳力这一专项特有素质。众多的排球项目研究都认同弹跳力是衡量排球运动员身体素质水平的重要标准之一，说明了身体素质与排球技术的重要关系。

排球项目制空权至关重要。[7]当前世界男子排球运动员的实跳高度能达到1.20米以上，拦网高度能达到3.70米。因此要求运动员在两个多小时的比赛中保持较强的弹跳能力。比赛中队员的场上位置不同，所需要的专项素质侧重也不同（见表2）。

表2 不同位置所需专项素质 [7]

	运动素质		
	第一位	第二位	第三位
主攻	弹跳力	力量	挥臂速度
副攻	弹跳力	移动速度	灵敏性
二传	移动速度	弹跳力	灵敏性
接应二传	移动速度	弹跳力	灵敏性
自由人	反应速度	移动速度	挥臂速度

由表2可见，无论处于场上哪个位置，弹跳力和移动速度都排在最重要的位置。

弹跳力（leaping ability）指起跳时双腿做蹬伸动作与躯干和双臂配合爆发出的一种力量，人体通过下肢和全身协调用力迅速腾空。原地不动时，双腿屈膝，重心下降；准备起跳时，膝关节、踝关节和髋关节三个关节伸直，同时双臂上摆，腰背、腿部肌群和双臂协同用力，运动员可获得向上的加速度而腾空。运动生物力学对排球运动中的助跑双脚起跳扣球技术的研究表明：决定排球运动员起跳高度的下肢、躯干、上肢因素在蹬地、展体、摆臂动作过程中对弹跳力的整个影响程度分别为67%、17%、11%左右。[9]由此可见，下肢三个关节稳定性的好坏直接影响运动员的弹跳能力。

移动速度指快速通过某一距离的能力。在排球项目中，它是排球运动员反应、判断、脚步起动、脚步移动、脚步制动速度的综合体现。

　　排球项目的基本技术动作主要由准备姿势和移动、发球、传球、垫球、扣球、拦网构成。这些基本技术动作都是以下肢三个关节为基础运动关节。不同的准备姿势，要求运动员的髋关节、膝关节、踝关节与地面成不同的合适角度。移动技术中的各种步伐，例如滑步、交叉步、跨步，以及制动、起动，需要运动员在保持一定角度的屈髋、屈膝状态下完成。髋、膝、踝三关节之间的相对稳定结构对运动员快速、准确地到达移动目标位置具有重要的影响。有效的扣球、进攻和频繁的跳跃、扣球、拦网、鱼跃、滚翻等更对运动员的下肢关节、腰、髋等部位要求较高，都需要以良好的下肢稳定性和力量作为基础。

　　在国家男子排球队备战2012年伦敦奥运会期间，国家体育总局聘请的美国AP体能训练专家经过对队伍中大部分队员进行调查并与其沟通，确认国家队运动员的备战训练需求为：重点队员的伤病控制和恢复；训练队员的核心稳定性及核心力量（尤其是队员髋关节的灵活性、稳定性）；提高动力链，尤其是下肢相关环节的传递效率。

　　综上所述，不论是排球专项所需要的专项基本素质，还是排球的基本技术动作，都与下肢髋、膝、踝关节的功能密切相关。该三大关节的单动、联动功能和结构的稳定，是保证基本技术动作发挥相应作用的重要前提。下肢三个关节的稳定性在现阶段也是国家男子排球队亟待提高的训练重点之一。

三、下肢关节的稳定性与男排运动员伤病的发生有很大的关联性

　　我国国家男子排球队是一支亚洲传统强队，2008年获得过北京奥运会第五名的历史最好成绩，却无缘伦敦奥运会赛场。其落选奥运会的重要

原因之一是国家队运动员的伤病问题较为尖锐，比赛任务重、训练量大、集训时间长、联赛赛事多等造成了运动员的伤病。过去两个奥运周期备战过程中伤病追踪研究表明，在我国男排运动员下肢关节的致伤因素中，关节稳定性的好坏与能否导致伤病有很高的相关性，同时，关节稳定性对易伤部位的转归具有决定性作用。

笔者通过追踪我国国家男排队备战伦敦奥运会期间的伤病情况，发现膝关节患病率高达86%，腰部损伤率接近75%。除了训练强度外，更多的致病因素指向运动员下肢肌肉力量不平衡、本体感觉功能差、动力链传递不协调等与下肢稳定性直接相关的运动学、动力学等方面。

四、下肢关节稳定性评价及干预手段对提高排球训练效果的重要作用

在预防、减少过多的运动损伤的基础上迅速提高我国男子排球运动员的网上实力是提高我国男子排球队的竞技能力和成绩亟待解决的一个重要问题。国家女子排球队主教练郎平在她的竞聘报告里针对国家女排现状总结了提高队员训练水平的12条对策，强调了聘任体能教练，帮助队员提高平衡能力、减少膝关节损伤、增强后群肌力量、大力发展核心区力量。这些内容同样适用于国家男子排球队。而这四个方面与运动员下肢关节的稳定性息息相关，并互相影响。

我国运动员在弹跳能力方面与欧美强队存在较大差距。弹跳力、移动速度等排球专项素质的提高都与下肢的素质训练密切相关。在排球运动员的伤病调查中，下肢的损伤始终占据主导地位，而下肢关节功能性不稳是造成损伤的一个重要因素。

当前，学界基于运动学、解剖学理论基础获得了很多有关排球技术环节的定性研究成果，而对下肢关节的稳定关系的研究很少。现阶段，学者们只对单关节进行研究，而且只限于局部肌肉和肌群。本书意在对男排运动员下肢关节动力链的稳定性进行综合性研究，在日常的训练中，用简便、易操作的评价方法评判男子排球运动员下肢关节的稳定性，可以及时预知运动员下肢关节损伤和腰部损伤的可能性，对避免、减缓损伤具有重要的预判意义。通过实验研究，整理、归纳出一套合理、有效的干预手段及方法，及时提高下肢关节的稳定性，从根本上起到防伤、治伤的作用，将对提高男子排球运动员的训练水平具有重要的影响。

第一章　文献综述

一、下肢关节运动解剖特点与功能

从狭义上讲，或者说从局部解剖学来讲，下肢关节包括髋关节、膝关节、踝关节及足部小关节。从骨骼肌肉联合运动和协同工作的研究角度，足和踝常常被当作一个运动环节。也有学者从广义上来讲，或者说从下肢运动功能方面来讲，下肢关节还可以涵盖骨盆及下腰段的骨骼、肌肉及韧带等解剖结构。本文在研究下肢关节稳定性的过程中，也考虑到了核心部位的影响因素，并在后文中专门论述。在此，首先简要概述一下髋关节、膝关节、踝关节及下肢运动链的解剖特点和功能。

（一）髋关节

髋关节主要由髋骨的髋臼和股骨的股骨头构成，其辅助结构有关节唇、髂股韧带、耻股韧带、坐股韧带、股骨头韧带。[10]

从解剖学的角度来看，髋关节是球窝关节。其特点是：关节头小，关节窝深而大，关节面积相差较小；关节囊厚而坚韧，尤以前部及上部更为明显，后部和下部较为薄弱；当髋关节伸直时，关节囊紧张，而当髋关节屈曲、内收及轻度内旋时，关节囊松弛；韧带多而强大，稳固性强，灵活性弱。髋关节能够完成屈伸、收展、回旋、环转等基本轴的运动。

从生物力学的角度来看，双侧髋关节、骨盆在支持人体体重中作用最大，能承受较大的压力并缓冲震动。人单腿站立时，站立侧股骨头的承重约为体重的4倍；正常行走时，股骨头的承重约为体重的5.8倍；在跑跳时，股骨头的承重可达体重的10倍或更多。人在行走时，股骨头可产生两个力的峰值：对于男性，第一个峰值出现在足跟着地时，其承重可达体重的4倍；第二个峰值出现在足尖离地前，其承重可达体重的7倍。对于女性，两个峰值基本相等，但数值较男性略低。

（二）膝关节

膝关节是一个不完全的绞链式关节，是人体最复杂的关节，处于下肢关节的中间位置，主要由股骨远端、胫骨近端和髌骨共同构成。其辅助结构包括内外侧半月板、前后交叉韧带、内外侧副韧带、滑囊等。髌骨作为组成膝关节的骨性结构之一，其本身也有较为特殊的解剖学意义。髌骨与股骨滑车构成髌股关节，并连同股四头肌和髌腱组成伸膝装置，髌骨的另外一个重要作用就是增强股四头肌的力臂和做功效果，这对维持膝关节的稳定至关重要。影响膝关节稳定性的解剖学因素还包括前后肌群的比例，内、外侧韧带的平衡，关节内前、后交叉韧带的相关制约。从生物力学的角度来看，人体站立时，髋关节股骨头的中心和踝关节中心的连线应该落在膝关节髌骨的中心位置，这条连线被称为"下肢的力学轴"，简称"下肢力线"。下肢力线的偏移直接影响膝关节在运动中的稳定性：力线内偏移会造成膝关节内翻，力线外偏移则会出现膝关节外翻。这种力线的偏移是影响膝关节稳定和造成关节损伤的主要因素之一。另外，膝关节的负荷与运动方式及步态紧密相关：人体行走时，膝关节所承受的压力是站立的7倍还多，可达到自身体重的3倍；上楼梯时，膝关节的承重为体重的4

倍。综上所述，从解剖特点和生物力学特点可以看出膝关节的复杂程度和重要性。

（三）踝关节

从解剖结构特点来看，踝关节是足部最大的关节，由胫骨、腓骨和距骨构成。从结构上来讲，其属于滑车关节。踝关节有6条三角韧带，这些韧带依附于踝关节，起连接、保护和加固的作用。

从生物力学的角度来看，在人体下肢三大关节中，踝关节是一个末端关节。此关节是人体与地面接触的枢纽，人的行走、跳跃、跑步都需要踝关节的参与，踝关节在动态功能活动中起着缓冲、减少外力负荷的作用[11]，同时在步行活动中提供支撑面，起着杠杆作用[12]。踝关节力学传导机制复杂，是最容易受到损伤的关节之一，任何损伤都可能打破其周围结构的力学平衡而导致其不稳定。踝关节的结构特点决定了它在训练方法上的特殊性和个体差异性。

（四）下肢关节运动链

20世纪90年代Gray Cook提出了"运动链"（Kinematic Chain）概念，认为人体借助关节使若干环节按一定的顺序衔接起来，主要形成了上肢运动链和下肢运动链。上肢运动链由肩带、上臂、肘关节、前臂、腕关节、手等组成，下肢运动链由髋关节、大腿、膝关节、小腿、踝关节、足等组成。关节运动链在身体功能训练中具有重要的运动学和生物力学意义。关节运动链分为开链（Open Kinematic Chain，OKC）和闭链（Closed Kinematic Chain，CKC）运动。开链运动与闭链运动对同一肌肉产生的作用不同。[84]

开链（OKC）运动指人体运动时肢体或躯干远端呈游离状态，比如在肱二头肌训练中，手部呈游离状态，它是肘关节单独伸屈的运动。从等速测力结果中可以看到，在膝关节伸屈肌肉群达到最大力量的时间上，OKC短于CKC，因此在强化最大肌力的训练中应选择OKC。

闭链（CKC）运动指肢体远端固定而近端关节活动的运动，肢体或者躯干远端形成环状，或者接触物体，运动时髋、膝、踝等多个关节形成一个闭合的环，如站立下蹲运动或骑车运动。闭链运动实际上是将开链的旋转运动转换成线性运动，因此运动时不增加关节的切力，而增加保护作用。对于运动损伤及处在术后早期的运动员，该运动是一种安全、有效的康复手段。

就下肢平衡能力来说，闭链运动的训练方式效果更好一些。主要原因是进行闭链运动时，关节及周围组织的机械性感受器受到了比开链运动训练更明显的刺激。CKC运动既使关节周边的屈肌、伸肌群同时收缩，以维持关节稳定，还使多关节同时运动，以刺激关节本体感受器产生运动和保护性反射弧活动，达到训练关节稳定性的目的。本质上即主动肌受到拮抗肌抑制，主动肌和拮抗肌共同协调收缩，以达到保持关节稳定的目的。所以，对于运动康复，选择CKC运动比选择OKC运动能获得更明显的关节功能康复效果[84]。

二、下肢关节稳定性的定义（概述）

随着Gray Cook提出"运动链"概念，人们对运动损伤又有了新的认识。大多数研究者认为运动员之所以受伤，是因为动力链存在薄弱环节，从而引起肌肉功能失调，诱发肌肉紧张、协调性差，导致身体采取代偿性动作。Michael Boyle（2003）在Gray的基础上进一步丰富了功能性训练方法，通过纠正肌力平衡、提高核心力量和身体的稳定性改善动作的精准性，并将其运用于运动损伤预防、康复和运动专项能力提高方面。[13]

近年来，姿势控制理论也受到了运动康复及运动训练专业人员的重视。

Horak等[14]、Carr等[15]将姿势控制定义为控制身体，以保持平衡，认为姿势控制是人体保持身体平衡或骨骼、肌肉对外界干扰的反应，体现为人体感觉、运动系统与外界环境复杂的相互作用过程，是肌体在一定的环境中对方位改变的反应控制和保持身体重心在一定支持面之内的活动。

Feldman等[16]认为人体在运动时，动作中存在运动的平衡点，姿势控制有静态和动态两种形式。

Bizzi等[17]沿用平衡点理论解释了人体姿势的动态、静态稳定性，指出静态姿势控制是把身体的重心控制在特定位置，动态姿势控制则是人体在运动的过程中动态地控制重心，达到完成动作的目的。

笔者认为，关节的稳定性并不完全是绝对力量的表现，它是在运动链理论的基础上通过提高肌肉力量、肌肉协调能力、肌肉平衡能力及动作的有效性来提高身体的控制能力。下肢关节作为人体的负重关节，在人体运动链运动的过程中发挥了重要的作用。因此，下肢关节的稳定性体现为下肢运动链在运动时，通过整合肌肉力量，本体感觉，神经、肌肉平衡能力，核心稳定能力等多种因素，综合调控，从而完成对身体方位改变的反应控制，保持身体重心在一定支持面之内的运动准确性。

三、下肢关节稳定性的影响因素

（一）性别、年龄及优势侧对下肢关节稳定性的影响

在影响关节稳定性的因素的相关研究中，涉及性别、年龄，以及优势

侧、非优势侧的一些内容。

Schmidt等[18]的研究表明，健康人随着年龄增长，踝关节的稳定性会有减弱的趋势，并且在50岁之后，这一趋势将更加明显。这可能与随着年龄增长，踝关节周围组织中的机械感受器数目减少相关。

Aydog等[19]对家兔组织学进行的研究显示，随着年龄的增长，韧带中的本体感受器会发生不同程度的形态学改变，同时，这些感受器的数量也会减少。

Tsang等[20]通过对比健康的老年人和有多次摔倒经历的老年人的踝关节肌肉反应潜伏期，发现老年人有踝关节周围肌肉协同收缩作用减弱的现象，这可能是导致老年人平衡能力下降，进而发生摔倒的原因。

在关于优势侧与非优势侧对膝关节稳定性的影响的研究中，Fremerey等[21]和Fischer Rasmussen等[22]的研究并没有发现显著性差异。

而在关于性别的影响的研究中，大多数学者认为没有影响，但也有少数学者发现男女的稳定性有差异。Rozzi等[23]通过研究女性膝关节解剖结构的松弛度，认为女性松弛的膝关节结构影响本体感觉功能，易造成受伤。

另外，有研究结果认为，本体感觉主导的关节稳定性与年龄、性别、优势侧、非优势侧、关节松弛程度及运动等级无明显关系[24]。

综上，在影响下肢关节稳定性的相关因素中的研究，多项研究表明年龄因素比较肯定，老年人下肢的稳定性明显下降，而对于性别和优势侧、非优势侧的影响，不同学者的研究结论并不统一。

（二）本体感觉对下肢关节稳定性的影响

本体感觉功能是影响人体关节稳定性的主要因素。对本体感觉影响下肢关节功能及稳定性的研究主要集中在膝关节和踝关节。

自Sherrington在1893年提出"本体感觉"（Proprioception）这一术语以来，很多学者对本体感觉做了大量深入的研究，对其产生的机制、表现形式，以及感受器的种类和分布的认识也越来越清晰。Grigg[25]和Tyldesling[26]认为本体感觉是包含关节运动觉和位置觉的一种特殊感觉形式，本体感觉的功能主要表现在它可通过增强关节囊的张力、肌肉力量、皮肤对外界刺激的敏感性、关节内的感知，加快肌肉收缩的反应速度来提高关节的稳定性和运动功能。多数研究[27][28]认为，关节损伤后，人体往往出现关节不稳现象，提示损伤会造成本体感觉能力的降低，如前十字韧带损伤、半月板损伤、踝关节扭伤等病变。

Lofvenberg等[29]的研究表明，延迟的本体感觉反应可能是造成慢性单侧踝关节不稳的主要因素。

Gross等[30]的研究结果显示，关节周围感受器的感觉传入的降低会导致关节不稳和姿势调节能力下降，大大增加了相关关节损伤的概率。

（三）肌肉力量和下肢关节稳定性的关系

下肢肌肉力量通常以髋、膝、踝三个关节的联动来表现。由于髋关节的动态肌肉力量和核心区域的功能相关性更高，所以影响下肢关节稳定性的肌群主要集中在膝关节和踝关节，大量的研究报告也主要围绕上述两个关节展开。

Michelle[31]和Paul[32]的研究指出，增强踝关节肌肉力量对保持人体的平衡、正常步态及防止跌倒具有积极的作用，下肢力量在人体的日常活动中极其重要。研究通过对踝关节力量进行等速测试，预测人体重心偏移度、平衡能力的可能性。

Hertel[33]指出，踝关节周围肌腱等稳定结构的完整性对保持踝关节的稳定性非常重要，关节周围组织通过抑制踝关节运动限制踝关节过度活动，从而达到保持关节稳定性的目的。Pontaga[34]发现踝关节外翻肌群无力可导致踝关节功能不稳定。但也有研究[35][36]提出踝关节外翻肌力减弱与踝关节功能不稳定并没有相关性。

膝关节周围肌群及韧带的相互协调保持着膝关节的动态稳定性，其作用机制主要表现为关节内本体感觉的信号传导及由此产生的意识对肌肉活动产生控制，从而起到调节并保持膝关节动态稳定的作用[37]。但是，单纯的肌力训练不能使膝关节适应各种力量的迅速变化并保持动态稳定性[38]。

（四）核心力量及稳定性与下肢关节稳定性的关系

核心区几乎是所有运动链的中心，有效控制核心肌群力量、核心部位的平衡和核心部位的运动可以充分发挥整条运动链，包括上肢和下肢的运动功能。"核心区"能够在运动中稳定人体的支撑重心，在人体做出动作前稳定脊柱和躯干，调节并控制运动过程中的动作姿态，协助关节正常运动，确保人体运动链中各关节的运动协调一致，从而加快肌肉间力量传递的速度，提高人体整体的运动效率。

保持核心的稳定性是使运动功能最大有效化的重要因素。通常，运动功能是在动态运动链上产生的，人体各运动环节必须协调有序地产生兴奋，才能使肢体远端在最佳位置、以最佳速度、在最佳时机完成体育动作[39]。

高峰[40]认为核心力量指附着在人体核心区位的肌肉收缩所产生的一种以增加身体核心部位稳定性（脊柱、骨盆的稳定性）、控制身体重心运动、传递上下肢动力为主要目的的力量。

王峰[41]在研究中指出，排球的技术动作强调协调用力，通过蹬地动作产生地面对人体的反作用力来获得能量，经过核心区的传递，带动上肢力量的爆发。

　　因此，核心力量及稳定性与下肢关节的运动表现紧密相关，而下肢关节的稳定是下肢关节运动表现的重要前提。核心力量通过在运动中控制骨盆和躯干部位肌肉的稳定姿态，为下肢的运动创造稳定而有利的支点，并在该过程中协调上下肢的发力，这有利于下肢稳定性的增强，并可使力量的产生、传递和控制达到最佳状态。人体的动作大多是多关节和多肌群共同参与的，在完成动作的过程中将不同关节的运动和肌肉收缩整合起来，形成符合专项力学规律的"运动链"，为四肢末端发力创造理想的条件，是竞技训练所追求的。

（五）平衡能力对下肢关节稳定性的影响

　　从狭义上讲，平衡能力就是保持人体姿势稳定的能力，是人与生俱来的一种生理机能，主要分为静态的平衡能力和动态的平衡能力[42]。

　　陈海霞等[44]经过总结认为，人体的平衡能力主要与视觉、前庭觉及本体感觉相关。

　　李文彬等[43]指出，人体通过控制身体的平衡能力来完成站立、行走、协调各种动作等正常的活动。

　　Bressel等[45]通过对大学生足球、篮球及体操运动员的平衡能力进行研究发现，静态平衡能力能够体现静止时人体保持稳定性的情况，而动态平衡能力和下肢关节稳定水平具有正相关性。

　　Lexandt等[46]在《什么是平衡》中阐述道，对人体运动能力而言，平衡能力是人体完成各种动作的基本保证之一，尤其在那些强调保持身体姿势和动作协调的项目中，拥有较强的平衡能力是运动员发挥训练水平、完成技术动作的根本要求。

四、下肢关节稳定性评价方法及测试指标的研究现状

（一）本体感觉测试

本体感觉测试方法的研究主要是根据本体感觉定义的内容逐渐延伸出来的，至今已经有很长的历史。过去的研究涉及本体感觉的评定方法，通常包括运动感知觉、空间位置觉、运动方向觉、肌肉力量觉、运动速度觉、震动感知觉等，而测试部位主要集中在膝关节、踝关节及肩关节[47][48]。

Thomas 等[49][50]认为，关节运动觉又叫"关节运动感知觉"，是对慢反应机械性感受器的作用进行检测的能力。

Roberts 等[51]认为关节空间位置觉可通过以特定仪器测量关节位置再生的差值的方法来评定，关节位置再生包括被动位置再生和主动位置再生。在刺激关节肌肉受体时，主动位置再生判定可以很好地对传入神经通道进行判断。关于关节再生的角度的研究还发现，在被动和主动测试中，不同选取角度的敏感度有所不同。Gorrigan 等[52]经过研究认为，应联合应用关节空间位置觉和运动感知觉来测定关节本体感觉能力，不能单独测量其中一项，它们没有相关性。

Barry 等[53][54]对正常下肢关节本体感觉功能进行测试，对比双侧肢体负重和无负重本体感觉测试方法，得出结论：无负重测试能更精确地反映膝关节角度再生能力。

国内关于本体感觉的研究也已有30年左右的历史，很多文献对不同部位本体感觉进行了测试[55][58]，并探讨了本体感觉在实践中的应用价值；同时，对膝关节的本体感觉进行测试的角度主要选取30°、60°和75°来进行，而对踝关节的测试则大多选取30°来完成。近年来，随着先进的评估

测试设备的引进，对本体感觉功能的量化评估得以实现。

综上所述，本体感觉测定方法会随着时间的推移逐渐精确化，并且使用联合手段对本体感觉功能加以评定较为多见，评定注重敏感角度指标的选择。

（二）等速肌力测试

"等速运动"的概念由美国学者Hislop和Perrine[60]于1967年率先提出，被认为是肌肉功能测试和肌力训练技术的一项革命。

黄志平等[61]综合前人的研究提出的等速测试技术兼有等张收缩和等长收缩的优点。等速测试即预先设定好肢体的运动速度且根据受试者用力的大小调节外加阻力，使肌肉张力增高、力矩输出增加，但不产生加速度的一种测试和训练技术，它弥补了等长及等张测试方法的不足。在人体下肢三关节的等速肌力测试角速度指标的应用上，主要选取踝关节30°、45°、60°，膝关节60°、180°、300°，髋关节60°、180°来进行。

Shirado等[62]经过研究认为，等速测试系统可以对人体上下肢、躯干肌群进行肌肉功能评价，并能提供较为准确的多种反映肌肉功能的定量指标。

目前临床上研究最多的是膝关节的肌肉功能测试，这可能与膝关节作为下肢关节的中间环节，膝关节测试结果可信度较高，力矩曲线较为清晰、容易判断有关。通常，膝关节60°角速度的测试被作为评价最大肌力的测试速度，180°角速度的测试被作为评价肌肉耐力的测试速度。等速测试中评价最大肌力的指标一般采用峰力矩、峰力矩/体重、屈伸肌比率、双侧屈、伸肌差值等；评价肌肉耐力的指标主要是总功、总功/体重、屈伸肌比率、双侧差值。

Gibson等[63]认为，主动肌与拮抗肌力矩的比值可作为预测运动系统损伤的指标之一。在正常的膝关节等速60°测试中，屈肌群与伸肌群的比值为60％—70％，优势侧与非优势侧屈肌群及伸肌群的差值在20％以内。

Kannus[64]经过研究发现，人体双侧肢体的肌力存在一定的差别，尤其是上肢的差别较为明显，这可能与优势侧手有一定的关系。但双侧下肢肌力的差值较为固定，一般为10％—15％，并且受测试速度影响不大。

Jarrinen等[65]经过研究提出，运动员肌体损伤后开始重新训练时，患侧肌肉的峰力矩应该达到健侧的85％以上，这样发生再损伤的机会才会相应减少。另外，等速肌力测试可提供一系列的肌肉功能指标，这对判断肌肉关节功能、预防运动系统伤病的发生有重要意义。

（三）平衡能力测试

在运动医学和运动康复领域，平衡能力测试已经被广泛使用。刘阳[66]总结的平衡能力测试方法主要包括静态平衡测试和动态平衡测试。

静态平衡测试主要包括传统观察法、量表评定法、静态平衡仪测试法等[67]，动态平衡测试主要包括闭目原地踏步检测法、前庭步检测法、动态平衡仪测试法等。

近年来的研究表明，平衡测试，尤其是简易动态平衡测试容易受主观因素影响，不能完全反映、评价人体的平衡能力。以视觉反馈、本体感觉功能评价为基础的动态平衡仪测试法可以定量、客观地测试人体的平衡能力。

相对于临床应用，在运动训练学领域，针对高水平运动员平衡能力测试的研究相对较少，但是很大一部分运动项目的成绩与运动员的身体平衡能力密切相关。

（四）核心力量及稳定性测试

国内外众多学者在研究中发现，核心区的稳定性与下肢功能，尤其是下肢的动态平衡能力和关节稳定性有密切联系。例如，Mattacola和Lloyd[68]发现良好的核心稳定性对提高运动员的下肢力量和平衡能力有效。Blackburn等[69]通过实验发现，增强核心稳定性的练习不仅可以有效提高运动员的动态平衡能力，还可以增强运动员关节的稳定性，并使其持续拥有平衡能力。因此，笔者在访谈了众多国内外排球项目学者、体能训练专家后，根据排球项目的专项动作特征，在评定下肢关节的稳定性时，将核心稳定性作为其中的评价指标类别之一。

现有的文献对核心稳定性的测试方法并没有达成一致的认识，但是在文献中经常可以看到研究者使用的测试包括重心平衡测试、星形偏移平衡测试（the Star-excursion Test）、萨尔曼平衡测试、多方向触及测试（the Multidirectional Reach Test）、单脚深蹲测试（Single-leg Squat Tests）及McGill测试。其中已有研究证实多方向触及测试和星形偏移平衡测试是具有一定有效性和可信度的多维度移动测试，单脚深蹲测试也被认为可以作为一种有效测试方案[70]。McGill测试是一种核心耐力（core endurance）的测试，包括腰部屈曲测试（Trunk Flexion Test）、腰部伸展测试（Beiring-Sorensen Trunk Extension Test）、右侧桥测试（Right Flexion Test）、左侧桥测试（Left Flexion Test）[71]。高峰[40]通过对青少年跳水运动员进行研究认为，除了以上测试方法，还可以采用的方法主要有：1.脚踩平衡盘，手持横杆快速下蹲，在平衡盘上举杠连续做快速下蹲，10次计时，测试运动员在支撑面不稳定的情况下保持核心区稳定的能力；2.功能性动作筛查（FMS）；3.瑞士球跪姿控球测试；4.仰卧在泡沫轴上进行平衡测试；5.在bosu半球上做"V"字控腿测试，评价控腿能力和腰腹的稳定性，计时1分钟以上为合格。另外，他还采用了八级腹桥测试、俯卧展体测试来评价跳水运动员的核心力量。

国内外学者将更多的研究精力放在核心训练方法以及训练效果本身上，对核心力量测量和评价方法的研究还处于初级阶段，尽管研究的方法很多，但是还没有将其系统地整理出来，也没有形成统一的认识。不过学者们认为，最好在肌肉的主要做功方式、运动的不同位面、肌肉收缩运动方式上加以测试。在考察所有与核心力量有关的肌群时，对特定运动模式和运动质量的评估尤其值得重视[71][72]。

国内研究者通过对几种常用肌肉力量测试方法进行实验研究发现，至少现阶段可以证实的是：等速肌力测试装置可以对腰腹部肌肉进行测量和评价，可是不能准确地测试、评价一般运动员的核心力量；肌电测量的准确性没有得到改进，而且既不能从整体上评价核心力量的水平，也不能反映核心肌之间的关系；腹内压测量更适用于康复领域而非竞技体育[73]。

学者们就以下观点达成了共识：可以通过核心稳定性间接评价核心力量的水平；现阶段无法直接、准确地测试、评价专项核心力量，可以通过检测运动员的稳定和平衡能力间接进行评价[40][73]。

在针对排球运动员的研究中，学者们采用的且已被多项研究证实可靠而有效的核心稳定性测试通常有McGill测试[74][75]、侧桥测试[76]—[80]（Side Bridge）、侧抛实心球测试[76]—[80]（Lateral Med. Ball Toss）和1分钟仰卧起坐测试[76]—[80]（1 Minute Sit-ups）、俯桥测试[74][75]（Front Bridge）、仰桥测试[74][75]（Glute Bridge）及单腿支撑平衡站立测试[74][75]（Single Leg/Limb Stance Test，SLST）。以上测试从人体额状面、水平面和矢状面分别或整体地对核心肌群的收缩和控制能力进行评价。

学者赵亮等[76]在针对高水平沙滩排球运动员核心稳定性与下肢专项

移动能力的相关性的实验研究中发现，对男子沙滩排球运动员来说，无论是侧抛实心球测试、1分钟仰卧起坐测试，还是侧桥测试，都与反映沙滩排球项目下肢移动能力和灵敏性的改良T测试具有中等程度显著相关性。可是对高水平女子沙滩排球运动员来讲，统计结果则显示侧抛实心球测试和1分钟仰卧起坐测试与T测试具有显著相关性（P<0.01），但侧桥测试与T测试并不相关（P>0.05），这一点与男运动员并不相同。

本书的研究根据排球项目对下肢关节稳定性的专项需求，结合以往的研究中被证实可以有效评价核心稳定性和核心力量的测试方法，与专家进行多次讨论后，采用了以下测试方法进行评价：右侧桥测试（Right Flexion Test）、左侧桥测试（Left Flexion Test）、俯桥测试（Front Bridge）、仰桥测试（Glute Bridge）、侧抛实心球测试（Lateral Med. Ball Toss）、1分钟仰卧起坐测试（1 Minute Sit-ups）。其中双侧侧桥测试、俯桥测试和仰桥测试主要被用于评价额状面各方向核心肌群的等长收缩耐力，侧抛实心球测试主要用于评价水平面前部和回旋核心肌群的爆发力，1分钟仰卧起坐测试主要用于评价矢状面核心肌群向心收缩的耐力。

（五）功能性动作筛查

1. 功能性动作筛查的诞生与发展

功能性动作筛查（Functional Movement Screen，FMS）是最近几年在国内迅速受到关注的一项以功能性动作来筛查身体功能问题的预测系统，也被称为"功能动作测试"。但是笔者认为，从"screen"的含义和本项预测系统的目的和任务上来分析"筛查"更贴切一些。在现有的文献资料中，"功能性动作筛查"使用得更多一些。

功能性动作筛查[81]是一套潜在伤病预测和动作质量评估系统，是用来检测运动员整体动作控制能力，身体稳定性、灵活性、平衡性，本体感觉等基本能力的评价体系。通过功能性动作筛查，能够排查潜在伤病，识别个体的功能限制和身体的不对称性发展，以提高人体动作的质量来预防伤病的发生，提高训练水平和竞技能力。

功能性动作筛查以一个分级和排序系统来识别动作问题，在提出治疗方法和矫正方法之前，首先帮助确认运动员可以接受哪些动作方式，不能接受哪些动作方式。教练员往往依据运动员的力量、关节活动范围和运动成绩来决定一个运动员的好坏，但他们从来没有从动作质量的角度去评价一个运动员[82]。

FMS最早是由美国体能训练师、物理治疗师Gray Cook研究并发明的。1998年，Gray Cook在他的工作室开始教授功能性动作筛查。次年，功能性动作筛查开始在一些地区性的运动训练学术会议、体适能会议中被报道，得到了广泛关注；同年，美国国家竞技体育教练员协会（National Athletic Trainers' Association，NATA）和美国体能协会（National Strength and Conditioning Association，NSCA）举办的全国性会议详细介绍了功能性动作筛查的有关内容，使FMS这一概念广为人知，并于2001年在Bill Foran[83]编著的《High Performance Sports Conditioning》一书中被正式系统地进行了介绍。

2003年，Gray Cook[84]出版了《Athletic Body in Balance》一书，这是第一本不仅介绍了功能性动作筛查，而且详细提供了相关纠正方法的著作。

在功能性动作筛查诞生并得到研究的十几年中，国内外学者取得了一些研究成果。这一筛查系统在国外已经被广泛地应用并且得到了改善和发展；国内的相关研究和文献资料集中在2011年之后，这与国家体育总局为了备战2012年伦敦奥运会而引入美国AP功能训练公司的训练理念并在国内广泛推广密切相关。

功能性动作筛查作为一个基本动作质量和潜在伤病预测评估系统，逐渐被越来越多的国外运动员和教练员重视，很多国家通过功能性动作筛查来对运动员的基本动作模式进行质量评估，预测潜在伤病风险。通过功能性动作筛查暴露运动员的主要运动链、躯干稳定性、关节灵活性、身体平衡性等基本素质问题来及早发现并减少运动员潜在伤病的发生，在一定程度上可以弥补运动员身体能力的不足，因而功能性动作筛查在美国已被广泛应用于多个职业体育俱乐部、大学体育俱乐部、知名体能训练中心和健康机构[85]。如Michael Boyle[86]先后通过对美国曲棍球队、美国职业篮球运动员及美国职业橄榄球运动员进行功能性动作筛查，成功地找出了运动员的身体存在的功能不良问题，并成功地通过特定的训练计划和训练方法解决了这些问题。美国AP的体能训练师在我国国家队备战伦敦奥运会期间曾帮助我国乒乓球队、体操队、跳水队等十几支队伍的队员进行了功能性动作筛查，通过发现队员们众多动作模式的问题来制定针对性解决方法，获得了部分队员和教练的认可。

在我国，相关研究从2010年开始逐步出现，综观文献，还是理论研究多一些，实践研究还只是停留在初级的尝试应用阶段，而且主要涉及竞技体育领域，用于辅助训练和研究。如闫琪等[87]以高水平排球运动员为研究对象，程翀[88]对国家帆板队和网球队队员进行测试；刘凯[89]对高水平游泳运动员，杨红标[90]对中国女乒运动员，胡鑫等[91]对短跑运动员，徐萌[92]、李欣[93]、符永超[94]分别对高水平男子划艇、皮划艇激流回旋运动员，封旭华等[95]针对男子足球运动员，王一丁等[96]针对北京市专业跆拳道运动员分别进行了应用研究，并获得了一些实践经验。也有部分学者将视线聚焦在青少年体育领域：王珂[97]以首都体育学院运动训练专业篮球专项学生为研究对象，王曼等[98]以秦皇岛市中学生田径运动员为测试对象，牟必元[99]以台州市青少年武术套路运动员为测试对象进行了FMS的应用研究，并对研究结果进行了相关分析；史衍[100]就青少年体能训练中的应用提出了自己的建议。另外还有学者在特殊领域进行了实践研究，如朱海明等[101]对特警队员进行了功能性动作筛查的实证研究，邓运龙[102]尝试将其用于预防军事训练伤病。这些初步研究通过筛查发现研究对象不良的身体功能，并在训练中加以提示和纠正，初步证实了功能性动作筛查在辅助训练方面的作用，也通过测试数据初步验证了针对薄弱环节进行针对性功能训练有助于运动员伤病的减少和恢复。

2. 功能性动作筛查的信度与效度

综观国内的文献研究，较为普遍的研究集中在FMS的测试结果和应用上，关于功能性动作筛查的信度和效度检测的研究较为少见，这方面的研究有待深入和加强。另外，笔者对这些研究者实施测试的方法是否严谨、测试者是否受过专门的FMS测试培训、测试结果是否具有一定的信度和效度还存在疑虑，因为在文献研究中很少有作者提到相关内容。而国外在功能性动作筛查十几年的发展过程中已经开始进行了部分相关研究。Minick等[103]、Frost等[104]都通过实验证实21分的功能性动作筛查具备再测信度。

Frohma等[105]等对8名FMS测试经验为2—7年（FMS测试例数为50—800名）的测试者进行了信度研究，结果表明，尽管个别测试者评出的总分存在显著性差异，并且对同一测试者同一测试动作进行的两次测试的评分也存在差异，而且身体旋转稳定性动作的差异性最大，但是两次测试的平均总分并无显著性差异。Onate等[106]对两名测试者两次现场评分结果的研究同样表明，FMS具有较高的信度（不同测试者和两次测试），

Schneiders 等[107]、Smith 等[108] 和 Teyhen 等[109] 同样发现测试者和测试次数的评分结果具有高的可信度。

黎涌明等[110]研究认为，FMS 的效度取决于评分结果与后期损伤率的相关性，以及干预性训练后损伤率的变化情况。Kiesel 等[111] 对46名职业橄榄球运动员进行了筛查，其中10人得分≤14分，而这其中7名运动员最后确实在赛季中造成了严重的伤病。

多项研究证实，人为的积极性干预确实可以提高FMS的得分，干预的有效时间与得分的关系并不明确。如Kiesel 等[112]在对职业橄榄球运动员进行了7周的训练后发现14分阈值以上的人数显著增加，功能动作筛查结果得分显著提高，出现非对称的人数也显著减少；Peate 等[114]和Cowen[115]分别对433名和104名两组消防队员进行8周或6周的干预性训练，得分也得到了显著提高，Peate 等[114]在之后的一年中对400多名消防队员进行了损伤跟踪调查，结果发现，其因伤缺勤率下降了62%，损伤发生率下降了44%。

也有文献表明，佩戴辅助性的治疗用具可以帮助提高得分，如An 等[113]采用粘贴绷带的方法对大学女子二级篮球运动员实施干预，结果发现运动员跨栏动作的得分显著提高。

现有文献表明，功能性动作筛查在预测、预防损伤方面有显著的意义，但是对于得分的高低与运动能力的关联还需要进行深入研究和证实。

国外研究者先行研究的结果表明，筛查得分与核心稳定性[116]、最大力量测试、纵跳、T形跑[117]、10—30 m冲刺跑[117][118]、高尔夫挥杆速度[117]、立卧撑[118]、后抛实心球[119]等并无显著的相关性，而也有研究表明筛查得分与药球投掷、T形跑、单腿蹲[116]有低相关。Lynn 等[119]对20名大学生的深蹲测试结果进行了分组研究，发现高分组完成深蹲动作时的髋关节平均最大幅度明显大于低分组，但是膝关节的平均最大幅度与低分组没有不同。Butler等[120]通过对比发现，女中学生的功能性动作筛查结果优于男中学生。但是这些研究并未在严谨的实验设计下进行，研究结果难以说明功能性动作筛查的检测效度。

尽管现阶段的研究成果在功能性动作筛查的信度和效度上仍存在争议，但FMS仍是一个具备较高信度和效度的测试方法。规范测试者的评分标准和明确测试动作的评分要求是进一步提高FMS测试信度的主要途径[110]。FMS可以有效地预测运动损伤的发生，但是这种预测的有效性会在一定程度上受年龄[121]、身高和体重、平时参加运动的频率[122]、专项特征[123]及损伤类型[124]的影响。FMS反映的是人体动作的灵活性和稳定性，这种基本能力还未被证明与运动能力存在相关性[110]。本书采用功能性动作筛查作为测试指标的一部分，主要目的是为运动员伤病筛查的结果提供一个辅助证明，同时也为设计、实施训练计划提供有效的依据。为了保证筛查结果的科学性和有效性，使筛查具备一定的信度和效度，本书中的所有的功能性动作筛查打分都由受过美国AP体能训练专家培训，并且具有长期测试经验的笔者本人独立完成。

五、下肢关节稳定性的训练方法及手段研究现状

目前没有关于下肢关节稳定性训练的统一方法，大多数研究是从核心肌群训练、身体功能训练、平衡及本体感觉训练等方面进行探讨的。关于肌肉力量训练和下肢稳定性的关系，还存在争议，有些研究认为，下肢肌肉绝对力量的训练有利于提高下肢关节的稳定性，也有学者认为单纯的肌肉力量训练并不能明显改善关节的稳定性。因此，笔者未把单纯的肌肉力

量训练方法纳入关节稳定性训练体系研究之中。

（一）平衡及本体感觉训练

作为训练手段，平衡训练和本体感觉训练在方法和手段上比较相似。平衡训练能加强深层肌的募集和兴奋能力，提高肌肉的协调性、灵敏性和平衡能力。

Hale等[126]研究发现为期4周的特殊平衡训练有益于改善运动员慢性踝关节不稳。

Ruiz等[127]的研究表明，平衡训练可以更好地激活高水平运动员的核心肌群组织，提高其中枢神经对肌肉的支配能力。重复性静止姿势控制训练和动力性姿势训练均可以提高平衡能力；平衡训练要与运动项目及技术特点结合起来，才能收到更好的训练效果。

Chaiwanichsiri等[128]报道了踝关节损伤后睁眼模式、闭眼模式及星形偏移，证实相比于传统的治疗方法，平衡训练能更有效地恢复踝关节的功能性稳定度。

Kidgell等[129]表明，为期6周的平衡盘、弹网等训练可以明显加快运动员踝关节扭伤后姿势稳定性的恢复。

Hrysomallis[130]报道，平衡训练作为预防踝关节和膝关节运动性创伤的有效训练方法已经被许多运动项目采用。

易景茜等[131]指出，青少年进行平衡盘单脚站立练习可以有效提高自身的平衡能力，青少年转项训练所引发的疲劳不会影响平衡训练的质量，平衡训练可以被灵活地安排在专项训练之中。

Lee等[132]对单侧踝关节不稳的患者进行了为期12周的本体感觉康复训练，发现其患侧足部压力分布异常情况及踝关节位置觉均明显改善，再损伤的概率也有所下降。汤宇[133]报道，在对健康人群进行平衡板训练后，其腓骨肌反应速度明显加快。

（二）核心训练

1.核心训练：核心稳定性与核心力量的关系

关于"核心区"的训练，在文献资料中，常可以看到"核心训练""核心稳定性训练""核心力量训练""核心稳定性力量训练"等描述。这表明国内的学者在理解、研究"核心区"训练时，在对核心区的训练认识上还存在很多差异。

（1）核心稳定性

"核心稳定性"由"脊柱稳定性"逐渐发展而来，早期主要应用于健身和医疗康复，理论依据为人体脊柱解剖学和生理学。

自20世纪60年代至今，"脊柱稳定性"历经了"二柱理论"[134]"三柱理论"[135]"三亚系模型理论"[136]，核心稳定性的功能和作用吸引了越来越多的学者的研究兴趣，尤其在2000年以后，运动医学专家开始对其高度重视。

国外学者对"核心稳定性"的概念进行了界定。Kibler等[137]指出人体核心部位在运动中的主要功能即产生、传递、控制力量。因此他将其定义为"在运动中控制人体躯干部位肌肉和骨盆的稳定状态，使力量的产生、传递和控制达到最优化的一种能力"。

随着"核心稳定性"在国外竞技体育中的广泛应用和发展，以及频繁的国际学术交流，中国的一些学者和教练员开始接触核心稳定性训练，并通过初步的研究和实践取得了一些成果。但整体来看，与国外多年的发展成就相比，我国关于核心稳定性的理论研究和实践经验尚处于初级阶段。

国内学者赵佳[139]认为，根据专项运动特点，将核心稳定性分为保持身体姿势和平衡的静态稳定性，以及维护动作的产生和控制，更加强调与专项动作结合的包括灵活性和柔韧性、力量、协调能力、局部肌肉耐力、心血管机能等在内的动态稳定性。另外，该学者认为，根据髋关节不同的运动方式，也可将核心稳定性分为屈伸稳定性和旋转稳定性[139]。

学者黎涌明等[73]、陈勇等[138]都认为，核心稳定性指人体在运动中通过核心部位的稳定为四肢肌肉的发力建立支点，为上下肢力量的传递创造条件，为身体重心的稳定和移动提供力量的身体姿态。因此核心稳定性训练是并于核心肌群的力量、平衡等能力的训练。

可喜的是，国内的学者和教练们普遍认识到了核心稳定性在人体运动中的重要性，并认可其在专项训练中的效果。这也使相关内容的实践研究比理论研究更受追捧。

近些年国内外学者进行了大量的实证研究，在核心稳定性的作用，以及核心稳定性训练的方法和效果方面取得了初步论断：维持身体的稳定功能是一切运动产生的基础[142]。Cordo等[140]和Zattara等[141]研究表明，人体开始一个动作前，脊柱周围的稳定肌会收缩，以使脊柱保持稳定状态，为即将开始的主动肌收缩创造稳固的支撑。这与国内学者冯建军等[144]的研究基本一致。

可见，核心稳定性训练的最终目标是通过完善核心肌群为专项力量的表现提供稳固的支撑，为不同肢体主动肌的发力创造支点，增强不同肌肉的协作，为人体运动链力量的传递建立高效通道[139][143]。

在核心稳定性的训练中，呼吸是一个重要的影响因素。Cresswell等[145]认为腰椎和躯干的稳定性与腹内压正相关，吸气时核心区主要肌肉（如腹横肌）收缩，可以通过增加胸腰筋膜的张力、升高腹内压达到稳固腰椎的目的[146]。

综合以上观点和研究，笔者认为，"核心稳定性"指在运动过程中人体核心区维持某种特定的姿势及重心不变的能力。核心稳定性训练可以使核心区的神经系统、肌肉系统、骨骼韧带系统、呼吸调节系统等的协同工作能力得以发展，使人体在完成动作的过程中相关关节、肌肉的工作方式和顺序符合"运动链"。

（2）核心力量

国内外学者对"核心力量"这一概念的认识随着"核心稳定性"定义的逐渐明确而日趋完善。

"核心力量"由德国学者于1996年提出的"躯干支撑力量"逐渐演变而来，2005年美国学者Liemohn等[147]将构成或提高身体稳定性的力量称为"核心力量"，随后由kibler[148]将其首先应用于竞技运动训练。

国内学者对"核心力量"的认识并没有太大的分歧，大多数学者认同核心力量是一种稳定人体核心部位、控制重心运动、传递上下肢力量的能力[73][149]。赵佳[149]认为"核心力量"主要指核心肌肉的一种能力，包含核心稳定性力量和核心动力性力量；冯建军等[144]、史明[150]、冯冰等[151]则认为核心力量应当由人体核心区域附着的所有肌群及韧带在神经的支配下收缩产生。

对于核心力量训练的功能和作用，国内研究者在实践中得出了众多类似的结论：

核心力量训练可以稳定脊柱和骨盆，有效改善身体形态和不良体态[152]，提高躯干力量、核心稳定性力量及肩关节稳定性[152]－[154]，通过训练深层小肌肉群改善身体协调和平衡能力，提高运动肌肉的感知觉，进而优化技术动作，既能达到预防、减少伤病的目的，又能提高竞技水平[153]。

王卫星等[154]认为核心力量训练还可以通过近端固定提高末端肌肉的发力，增加能量输出，减少能量消耗，例如做鞭打动作。

尹军[155]等学者认为，如将身体运动功能训练理论体系中的躯干支柱力量与核心力量进行比较，核心力量强调的是髋、腹部肌肉的发力，所关注的是肌肉做功和产生力量的大小，而不是力量训练对动作控制和身体姿态的作用，这也是核心力量训练的局限性所在。

关于对核心力量的理解，笔者倾向于国内学者王卫星、黎涌明、陈小平等的研究结论，即核心力量是一种稳定人体核心部位、控制重心运动、传递上下肢力量的能力。另外，在核心力量的训练作用方面，笔者认同学者王卫星的研究结论：除了上述作用，核心力量训练还能够通过提高肢体协调工作能力来降低能量消耗，预防运动损伤。

（3）核心稳定性与核心力量

总结以上文献综述，"核心稳定性""核心力量""核心稳定性力量"是世界竞技体育体能训练学术领域的三个具有很大相关性的概念，尤其是前两者的实践作用和训练方法得到了广泛的研究。但是关于这三个名词的具体含义和概念，至今还没有统一的认识；它们之间的界限更是模糊不清。在查阅文献时，笔者发现，很多文献，甚至是核心期刊，硕士、博士论文中也都存在"核心稳定性""核心力量""核心稳定性力量"三个概念混用的现象。例如，文献资料题目或关键词是"核心力量训练"，文中却经常穿插使用"核心稳定性"而没有任何解释。造成这一现象的原因除了学者们对"核心区"的范围还没有达成共识，现阶段各种研究还处于起步阶段是另外一个主要原因。笔者认为，要想厘清三者的关系，首先应当对"核心稳定性"和"核心力量"的具体作用进行深入研究。在上述对二者分别进行的文献综述中可以看出，其实在众多学者的研究中，"核心稳定性"和"核心力量"的作用部分相似，而在现有的实证研究中，二者的训练方法更是有很多的一致性。

核心稳定性是使运动功能最大有效化的重要因素。通常，运动功能是在动态运动链上产生的，人体各运动环节必须协调、有序地产生兴奋，才能使肢体远端在最佳位置、最佳时机，以最佳速度完成动作[156]。Tracy[157]认为，进行核心力量训练必须将力量和平衡稳定结合。

学者们试图在核心力量训练和核心稳定性训练的实践研究中证实核心力量和核心稳定性的关系，相关观点和采取的具体方法却不尽相同。

一种观点认为核心力量是核心稳定性的一个子概念，也是核心稳定性训练的结果之一。如杜震城[159]、Borghuis等[160]、高峰[40]的研究结果表明，运动员在经过核心稳定性训练后，他们的核心耐力、核心爆发力及核心力量均有显著的提高。

另一种观点与之相反，认为核心稳定性训练是核心力量训练的一个分支，核心稳定性是核心力量训练的结果之一。如于红妍等[158]、黎涌明等[73]、屈萍[75]、王卫星等[161]持该观点。

王卫星等[161]认为核心力量训练包括核心稳定性训练和核心专门性力量训练，屈萍[75]则将二者统称为"核心稳定性力量训练"。

于红妍等[158]研究认为，核心稳定性训练既是针对核心区深层稳定肌群的本体感受性训练，又是针对核心区浅层运动肌群的力量训练，核心稳定性训练摒弃了现有力量训练方法存在的弊端，有着传统体能训练不可比拟的优势。

申喆[74]在关于中学生排球运动员专项运动素质的研究中发现，核心稳定性训练有助于提高学生们的速度素质、灵敏素质和力量素质，他认为核心稳定性的优劣取决于核心力量。

综上所述，"核心稳定性""核心力量"是不能被简单地混为一谈却又有着密切联系的两个概念。对于它们的关系，国内外学者的意见非但不统一，反而在二者的从属关系上还存在较大的分歧。笔者认为，"核心力量"训练的任务之一是提高"核心稳定性"，提高"核心稳定性"有利于更好地发挥"核心区"的桥梁和枢纽作用，使得"核心力量"更好地表现出来。"核心稳定性"训练目标的达成主要还是通过"核心力量"的提高来体现。因此，在实际的专项训练中，可以将针对核心区的训练统称为"核心训练"，而"核心稳定性"和"核心力量"是其中两个共同存在并互相影响的分支；至于二者究竟是否存在从属关系，还需进行进一步的深入研究和分析。

2. 核心训练与下肢关节稳定性

国内外近十多年的实践研究表明，核心训练，尤其是稳定性训练，可以显著增强下肢关节的稳定性和动态平衡能力，对运动伤病的预防具有明显的效果。

Mattacola和Lloyd[162]制定并实施了每周3次、持续6周的训练计划，结果与Blackburn等[163]的实验结论一致。他们都发现核心训练可以有效提高运动员的动态平衡能力，改善其关节的稳定性，提高其保持平衡的能力。

Paul和Goodman[164]在实施了为期10周的核心训练后发现，核心训练能够对提高运动员的协调、平衡、稳定性、运动知觉、本体感受、力量等能力，扩大其关节活动的范围起到特殊的作用。

国内学者在对核心训练方法进行实证研究时，也发现了其在提高下肢功能和稳定方面效果比较明显。在针对田径中跑和投掷项目的核心训练研究中，国内学者发现髋关节的灵活性和可控性明显增强，有利于步幅加大、步频加快且二者协调发展[153]；同时，运动员的形态、机能、素质等也将得到不同程度的改善，如跑步运动员的起跑技术、途中跑技术、后程跑技术都将有一定程度的提高，投掷的最后用力动作也将得到完善[165]-[167]。就此效果，胡艳丹[168]认为，核心训练能迅速使核心区的力量素质转移到跑的技术上来，或者说使运动员在跑的技术训练中充分体会核心区作为动力源发力的感觉，同时还可以提高跑的专项肌群的速度性力量，改善各肌群用力的协调性，对提高运动员的绝对速度和速度能力都有极为重要的意义。

关于水上项目的研究也获得了同样的成果：屈萍[75]和罗端芬[169]分别在针对国家蹼泳队员和游泳队员的核心训练研究中发现，核心训练可以有效提高末端肌肉的发力水平，使运动员脚踝的稳定性明显增强。李建臣等[170]则发现，通过悬吊训练，跳水运动员的核心力量、核心耐力、核心爆发力和运动专项技术均有了显著提高。

国外学者十几年的实验研究表明，运动过程中核心区的稳定性下降会极大地增加膝盖受伤的可能性，且这在女性群体中更为明显[171]，尤其是膝盖前十字韧带的损伤较为常见。Ireland[172]描述了一种以臀部内收和内旋为特征的"不可恢复的姿势"，这种情况继续发展将导致膝关节内翻和胫骨外旋。此外，这种姿势也可能与髌股关节痛综合征和髂胫束摩擦综合征这类易于复发的损伤有着密切的关系[171]。

Zazulak等[173]指出，人体核心区神经、肌肉的控制能力不足会影响下肢的动态稳定性，增大膝关节运动力矩，使得膝关节韧带的紧张度增加，从而导致膝盖损伤。Leetun等[171]通过实验的方法比较不同性别、在赛季中受伤的运动员及健康运动员的核心稳定能力（髋外展和外旋力量，腹肌功能，背伸肌、腰方肌耐力测试），从而找出一种预测运动员下肢受伤的风险的方法。结果表明核心稳定性对于下肢伤病的预防具有重要的意义，且回归分析显示髋部外旋力量这个参数可以用于预测伤病情况。这一结论也得到了国内学者的实验验证：谭同才等[174]通过实验证明强调骨盆和躯干部位核心肌群控制能力的核心稳定性训练对预防足球运动员踝关节扭伤有显著效果。阚庆辉等[175]通过长期的临床观察，发现膝骨性关节炎的病变与腰部的核心稳定性有关。因此在针刺治疗膝骨性关节炎的同时配合核心稳定性锻炼，采用多裂肌训练和桥式练习，按照《中药新药临床研究指导原则》中骨性关节病的疗效评定标准，总有效率可达到100%。

赵亮等[76]认为，沙滩排球运动员应注重核心稳定性的发展，以增强下肢的移动能力。理由是他们在研究中发现，无论是男运动员还是女运动员，控制躯干水平面运动的回旋肌群爆发力和矢状面运动的核心肌群耐力均与下肢移动能力有中等程度相关性。

总而言之，核心训练对下肢髋关节、膝关节和踝关节的功能表现都具有显著的辅助提升作用，尤其是核心区稳定性的增强能有效提高下肢的动态稳定性。运动员下肢关节的动态稳定性指的是在受到内力和外力作用的情况下下肢关节尤其是膝关节保持原有姿势的能力[172]。它具体表现为躯干在身体进行一些如急转、停止、着陆等动作后，采用准确的感觉输入和合适的神经元控制来应对这些剧烈变化的能力。同时，通过核心训练提高核心稳定性，可以有效地预防下肢的运动损伤。

3. 核心训练原则与方法

Behm等[176]经过研究，将核心训练方法的分类总结为：稳定状态和不稳定状态的训练，徒手训练和负重训练，一维、二维和三维训练，静力练习、动力练习和两者结合型练习。

Jeffreys[177]的5级难度递增训练模式为：难度一，静力支撑；难度二，稳定状态下缓慢运动；难度三，不稳定状态下的静力支撑或稳定状态的动态运动；难度四，不稳定状态下的动态运动；难度五，不稳定状态下的动态抗阻运动。这与Panjabi[178]提出的由稳定到非稳定、由静态到动态、由徒手到负重的练习顺序不谋而合，体现了先内后外、先小后大，先稳定后动态的训练原则。

国内外学者在实践中研究并总结的核心训练原则基本一致。王卫星等[161]总结多年训练经验认为，练习应当小量多次，静力练习持续15—30秒，动力练习进行20次左右。训练时要随着运动员能力的提高逐渐加大难度或提高强度，如逐渐延长练习时间、增加次数、改变动作的结构、加大负荷的重量，由徒手变为有器械的练习等。在训练中要严格控制身体的姿势，用呼吸配合动作，一定使运动员体会到每一个动作的要领[161]。从宏观上看，核心力量训练对练习动作规范性有极高的要求。

本书中采用的核心训练计划根据Jeffrey的5级难度递增训练模式制定，遵从国内外学者总结的训练原则，并参考Samson[179]、孙文新[180]、姚俊[181]、朱轶[183]、申喆[74]等学者在研究中采用的核心训练方法进行设计。

（三）身体运动功能训练

1.“身体运动功能训练”名称的由来与发展

2012年，国务院学位办发布了服务国家特殊需求博士人才培养项目的通知，首都体育学院青少年身体运动功能训练人才培养项目获得了国家特殊需求博士人才培养项目的培养资格，并在2013年开始招生。自此，“身体运动功能训练”这一概念开始进入体能训练和竞技体育的舞台。追根溯源，“身体运动功能训练”这一名词实际上是由“功能训练”发展而来，其采用的训练理念、设计原则、训练方法及手段也主要来源于“功能训练”。在“功能训练”“功能性训练”“功能性力量训练”被频繁用于竞技体育领域后，为了在名称上与康复领域的“功能训练”有所区别，更加突出“功能训练”在运动方面的作用，国内开始普遍采用“身体功能训练”

或"身体运动功能训练"的名称。国家体育总局竞体司在2014年初正式成立了国家队备战2016年里约热内卢奥运会身体运动功能训练团队，全面拉开了以身体运动功能训练体系帮助运动员备战大赛的序幕。

在中国知网中，在"文献分类目录"一项选社会科学Ⅱ辑中的"体育"类，将内容检索条件设为篇名，在"精确度"一项选"精确"，其他设置为系统默认。分别输入"身体运动功能训练""身体功能训练""运动功能训练/运动功能性训练""功能训练/功能性训练""功能性力量训练"，获得的相关文献数据如表3所示：

表3　相关文献检索统计

搜索词	符合筛选条件的文献数	所占符合筛选条件总篇数比例%
身体运动功能训练	1	1.7
身体功能训练	4	6.7
运动功能训练/运动功能性训练	4/1	8.3
功能训练/功能性训练	30/10	67.7
功能性力量训练	10	16.7
总计	60	100

在中国知网上以"篇名"中含有"功能训练"或"功能性训练"进行搜索，排在前四位的学科依次为临床医学（454篇）、神经病学（241篇）、外科学（166篇）、中医学（108篇），而体育学科排在第十一位。由以上文献搜索结果可以看出，关于"功能训练"的研究主要还是集中在临床医学、神经病学、外科学等医学类学科，这也与"功能训练"的起

源吻合。而体育学科中关于功能训练的相关文献主要为近4年出版或发表的，尤其是自2011年以来数量明显增加。主要原因从2010年开始，国家体育总局相关部门从我国备战世界大赛的需要出发，大规模地引进、翻译并出版了世界高水平的竞技训练系列成果和专著，举办了一系列国际高水平训练专家主讲的培训班，全面引进了美国著名运动训练机构Athletes' Performance功能训练团队（AP），为我国十余支国家队和百余名顶级运动员备战2012年伦敦奥运会提供训练服务。还成立了由我国体能训练专家和AP专家、教练员共同组成的"国家队备战伦敦奥运会身体功能训练团队"，为多支国家奥运参赛队伍提供服务，为我国奥运选手取得境外参赛最好成绩做出了突出贡献。这些高水平的竞技体育理论、实践的创新和进步，以它卓有成效的成果在我国竞技体育领域得到了迅速的传播和发展。"身体运动功能训练"这一名称也正是在这样的契机中形成并开始发展的。在我国，尤其是在国家体育总局的相关文件[184]－[186]中采用较多的是"身体功能训练"，其次为"身体运动功能训练"。本书出于严谨、慎重的考虑，沿用国务院学位办批准的服务国家特殊需求博士人才培养项目名称：身体运动功能训练。

2. 功能训练的内涵

功能训练（Functional Training，FT）最早诞生在几百年前的理疗学和康复医学领域，起初的作用是针对运动障碍进行治疗性训练。公元前5世纪，希腊人Herodikos在理疗过程中适当加入身体练习，同时运用体操术帮助自己改善病况，并致力于积极倡导、推广医疗体操[187]。自20世纪以来，医疗性体操和由专业人员设计的身体康复练习手段在医学领域得到了普遍认同。理疗师针对接受过外科手术或有创伤的患者，设计改进其生活、工作中常用的动作对其进行训练，帮助患者尽快恢复功能并回到正常生活和工作中去。欧美部分先行者尝试研究如何在竞技体育领域运用原本只出现在康复、健身领域的功能训练。1997年Gray首次对"功能性训练"进行了概念描述[188]，他认为人体运动是一个运动链，如羽毛球等小球类项目中共有的挥拍动作。因此训练师应当且必须对人体运动中的具体动作进行分析，寻找其薄弱环节，从而进行有针对性的力量训练。

功能训练在竞技体育领域逐渐得到认可和扩展，体能训练专家和部分学者开始对功能训练的概念和内涵进行界定。但通过文献资料可以看出，学者们就此仍然存在部分分歧，还没有完全达成共识。

美国运动医学学会（National Academy of Sports Medicine，NASM）认为，功能性训练包括那些运动链中涉及的每个关节，以及在不同平面的加速、减速和稳定性训练动作[189]。

Gambetta[190]对"功能训练"进行了更为精确的定义：一种包括减速、加速和稳定性在内的多关节、多维度、富有本体感觉的活动，以及控制身体不稳定性、对重力和地面反作用力和冲力做出反应的练习。他明确指出，功能性力量突出的特点是多关节联合运动而非单一、孤立的关节的运动。

Boyle[191]的观点是：功能训练其实就是一种包括平衡和本体感觉在内的一系列靠脚支撑、无器材辅助的有目的的训练，其目的就是让肌体在不稳定的条件下完成力量训练和以自身体重为负重的多平面练习，帮助学习控制身体。从本质上来看，其就是一种针对动作而非肌肉的训练，通过提高所有肌肉和肌肉群的协同工作能力及身体对它们的控制能力，从而提高肌肉的力量、平衡能力、协调性和爆发力，并最终达到提高运动专项表现或改善工作、生活质量的目的。

Steven[192]认为，功能训练所涉及的练习动作是有特定性的，包括力学、能量代谢和肌肉协调功能的专门动作练习，以及保持日常工作、生活能力的练习。

Gambetta[193]证实：人体特有的适应性决定了可以不靠增加肌肉而通过更好的关节协调性来增强结构整体性。而关节协调性的增强确实可以很好地提高运动技能。Gambetta也认同功能性训练与传统体能训练最大的不同就是其通过多种训练形式完成训练"动作"而非"肌肉"的任务[193]。

美国IHP功能性训练的创始人Santana J C则将功能训练定义为"以身体整合动作为基础的一系列与身体的功能和针对目标运动的专项性一致的方式进行的训练活动"[194]；Santana[195]根据Logan及Mckinne关于"大多数的核心肌肉是沿斜向或水平向的"的理论，总结认为人体以多平面内同时进行的复合运动形式为多，且大多以旋转方式或沿斜向对角线方向完成。

综合各方学者观点，笔者认为，虽然学者们在部分细节上观点不一致，但是大家普遍认可的关于功能训练的几个基本观点可以总结为：功能训练的理论基础是运动生物力学、运动解剖学、运动生理学、神经学等学科；功能训练动作的设计理念依托人体特定的动作形式；功能训练动作方式的主要特征体现为以身体整体性为基础的多关节、多维度动作，对人体肌肉平衡的不断追求，发展神经、肌肉的协调配合能力和对身体的控制能力；功能训练尤其强调人体核心区的功能和对本体感觉的训练，并在训练中使二者贯串始终。在竞技体育和体能训练领域，功能训练的最终目的是提高运动专项动作效率，即表现为身体运动功能训练。

3. 身体运动功能训练的作用

Gary[196]曾用一个表格清晰地展示出功能性体能训练与非功能性体能训练的区别（见表4）。

表4 功能性体能训练与非功能性体能训练的区别

非功能性	功能性
孤立的动作	将孤立的动作整合
死板	灵活
不符合生理特征	符合生理特征
真实运动中不存在	真实运动中存在
非链式运动	链式运动
与重力对抗	更好地利用重力
仅存在于实验室中	存在于日常生活中
不符合生物力学特征	符合生物力学特征
人体产生代偿	依靠本体感受调节
在一维平面内运动	在多维平面内运动

　　竞技体育中身体运动功能训练方法主要基于功能解剖学（Functional Anatomy）中的特异性原则（Specific Adaptation to Imposed Demands，SAID）[197] [198]。身体运动功能训练关注功能性动作练习的实效性，主要练动作而不是独立的肌肉[189] [191] [192]，这与所有竞技体育的要求是一致的。在不同的运动形式中，肌肉可以完成不同的、特定的，甚至是完全相反的动作。在身体运动功能训练的过程中，肌肉必须以特定的方式来完成身体运动功能性动作，必须将训练的重点放在身体所有系统的相互作用上[199]。

　　Radcliffe[200]指出："除了让参训者更加健康，功能性体能训练还能提高运动员的比赛能力。同时，灵活性和稳定性能力的训练可以在通往成功的正确道路上为参训者提供很好的帮助，总而言之，'功能性体能训练'能成为一条通向成功的道路。"

曾为美国培养出数以百计的不同竞技体育项目职业运动员的Verstegen等[201]提出了"体育运动的本质是动作"的观点，并通过身体运动功能训练体系辅助众多运动员赢了高水平的比赛。

刘爱杰、李少丹[202] [203]认为："身体运动功能训练的最终目标在于改善身体动作和姿势，而非改善孤立的肌肉、单一的关节的功能。"他们通过实践证明身体运动功能训练可以更深入地挖掘高水平运动员的潜力，在明显提高其速度、灵敏性、协调性、平衡能力及其他关键性素质的同时改善其身体姿势、动作模式和专项技能。

另外，核心力量训练也被很多学者和体能训练专家看作身体运动功能训练的一部分[73]。

闫琪[87]、[204]－[206]带领北京市体育科学研究所功能性体能训练实验室的体能训练团队耗时2年，完成了花样游泳、跳水、体操等室内技巧类项目，以及曲棍球、排球、跆拳道等不同类型项目的系统实证研究和实践，按照功能性动作筛查、运动素质评价、制定周期训练方案、实施训练、验证参训效果的步骤，采用国外最先进的训练设备和方法，以提高体能训练过程的可控性、科学性，并始终贯彻身体运动功能训练理念。该团队通过研究总结出竞技体育中身体运动功能训练最显著的特点，包括练习方法与目标运动方式的一致性，强调动作的整体性、核心部位的作用、本体感觉与神经的控制能力和多平面运动形式[207]。

美国著名功能训练公司AP公司在中国进行备战2012年伦敦奥运会的训练和培训期间，总结身体运动功能训练的主要内容包括FMS测试、软组织唤醒、肌肉神经系统激活、脊柱力量准备、动作准备、快速伸缩复合力量训练、动作技能、多方向加速度训练、力量与旋转爆发力训练、能量系统发展、再生与恢复等。而这些内容也是众多专业进行身体运动功能训练的体能专家和专业训练机构所公认的。本书的研究在实验过程中受限于客观条件，针对下肢三个主要关节的稳定性，主要设计并实施的是身体运动功能训练中的FMS测试、软组织唤醒、肌肉神经系统激活、脊柱力量准备（核心训练）、动作准备、再生与恢复等几个方面。

综上所述，身体运动功能训练在竞技体育中的应用虽然引入我国较晚，还处于初步应用和初步研究阶段，但在我国竞技体育领域已经得到了广泛的重视，国内众多学者和体能训练领域的专家认同身体运动功能训练的有效性，但系统性研究还是相对较少，有待进一步研究和探讨。

4. 身体运动功能训练与下肢关节稳定性

竞技体育运动项目的大部分技术动作都是一个完整的运动链结构[193]，高效的运动链在表现动作时可以实现稳定性和灵活性的和谐统一，在运动链中尽可能地保障身体各环节的能量不"泄漏"。

Gray Cook认为踝关节灵活性不足会导致膝关节疼痛，髋关节灵活性不足会导致下背部疼痛，胸椎灵活性不足会导致颈部和肩部疼痛或下背部疼痛[85]。因此，他提出首先要训练踝关节矢状面的灵活性，然后依次训练膝关节稳定性、髋关节多平面的灵活性、腰椎稳定性、胸椎灵活性、肩胛胸关节稳定性、盂肱关节灵活性。

闫琪[207]整合了国内外体能训练专家的观点，认为竞技体育中完整的功能性体能训练应该包含三个层次，且它们是相互关联和递进的关系，形成一个金字塔形结构（见图1）。

图1 竞技体育功能性体能训练金字塔形结构[207]

　　下肢稳定性作为身体功能训练金字塔形结构最底层，是提高其他运动能力的基础之一，对于排球这样的下肢参与度高、对能力要求高的项目，其更是发挥着竞技能力重要的基础作用。人体动作模式中的稳定性和灵活性是和谐统一、唇齿相依，甚至是可以相互转化的关系[209]。例如，下肢三关节中的髋关节是球窝关节，本身具有较为广泛的生理活动范围，同时它还与躯干、骨盆、股骨等人体最大的环节连接。髋关节周围有40多块骨骼肌，在控制人体运动链中发挥着关键作用。髋部的灵活性可以使核心部位的稳定性控制自发地得到重新设置，从而减少膝关节和腰部代偿动作的产生。因此，运动解剖学者和体能训练师常常把整个臀部看成人体运动链的核心，特别注重臀部肌肉的训练。

　　对排球运动员来说，在身体运动功能训练中应尤其注重对髋部和臀部动作功能的训练，这对提高下肢运动链的效率和动作的安全性具有重要意义。在排球项目中，下肢髋关节、膝关节和踝关节在多种专项技术中联动，构成了一个不可分割的运动链，在专项技术的表现过程中合作完成动作。附着在这三个关节上的许多主要发力肌肉的起止点都是跨关节的。Higashihara等[208]认为，人体的大部分肌肉是跨关节的，这些肌肉较长但力量相对小，对提高动作的速度具有重要的作用，它们的功能更需要通过身体运动功能训练来发掘。

现有研究表明，激活臀部肌群的程度会对膝关节功能的表现产生较大的影响，并且踝关节的灵活性也会对膝关节的稳定性产生影响。

在现有的文献资料中，采用系统的身体运动功能训练方法来提高运动员下肢关节稳定性的研究很少，针对排球项目的研究成果更是不多见。本书针对排球项目下肢关节稳定性的训练，结合排球项目特征，设计了包括软组织唤醒、肌肉神经系统激活、脊柱力量准备、动作准备、再生与恢复等方面在内的身体运动功能训练内容体系。

第二章 研究任务

1.查阅并总结国内外学者的研究成果，提炼有价值的理论、实践成果作为研究基础，为整合出下肢关节稳定性的评价指标和训练方法提供理论支持。

2.根据文献资料及专家访谈，在全面了解、分析导致运动损伤的关节稳定性因素的基础上，针对男排项目的技术特点和运动员特点，总结出全面、系统、有效、可靠、易操作的评价方法类别。

3.根据总结出的评价方法类别，对男排运动员下肢三关节的稳定性进行全面的测试。根据专家问卷对指标的筛选结果和对测试数据的统计学处理，归纳、总结出简便易行的适用于男排运动员下肢关节稳定性的评价方法体系。

4.通过专家访谈确定训练方案，经过实验对比研究验证训练方法的可行性和有效性，探求系统、有针对性且能有效提高男排运动员下肢关节稳定性的体能训练方法和手段。

第三章　研究对象与方法

一、研究对象

我国男排运动员下肢关节稳定性的评价指标和干预手段。

二、研究方法

（一）文献资料法

通过北京体育大学、首都体育学院的图书馆，以及学术期刊网、体育核心期刊、国内主要中文体育类和医学类期刊查阅国内外文献。

查阅的文献资料主要分为以下几大类：

1.下肢关节解剖及其稳定性类。主要选取的关键词有：下肢关节与稳定性、髋关节与稳定性、膝关节与稳定性、踝关节与稳定性、稳定性、关节稳定性、解剖链、功能解剖链。

2.测试方法类。主要选取的关键词有等速肌力测试、本体感觉测试、动态平衡测试、排球专项测试、核心力量与稳定性测试、下肢稳定性测试等。

3.了解国内外排球运动员，尤其是男排运动员下肢稳定性的相关文献、下肢损伤与康复评价方法的相关文献。

4.训练方法类。主要选取的关键词有核心稳定性与核心力量、身体运动功能训练、身体功能训练、功能训练、功能性训练、躯干支柱力量、本体感觉与训练、动力链与训练、运动链与训练。

5.了解国内外排球运动员，尤其是男排运动员下肢训练的相关文献。通过该类文献了解世界排球专项训练，排球项目技术现状、发展趋势和训练中存在的问题。

（二）专家访谈及问卷法

1.专家访谈

对国家队教练、国内外体能专家、国内外运动医学专家进行访谈（专家信息见表5），多方面征求专家关于下肢关节稳定机制、功能康复方法、体能训练方法等的意见，寻求有效且相对简单易行的测试指标和方法，设计有效的训练方案。笔者就本研究的实用价值、科学性、可行性、测试指标筛选、测试等征询了他们的意见；他们对研究的实用性、科学性、可行性提供了宝贵的意见。访谈后再次给专家发放调查问卷，对测试指标进行初步的筛选。

表 5 访谈专家一览

序号	姓名	职务	专业类别
1	周建安	国家男子排球队原主教练	排球专项
2	谢国臣	国家男子排球队主教练	排球专项
3	施海荣	国家男子排球队教练	排球专项

续表

序号	姓名	职务	专业类别
4	陆科	北京航空航天大学男子排球队主教练	排球专项
5	李志端	香港理工大学康复治疗科学系客座教授、国家体育总局备战2008年北京奥运会医疗专家组成员	康复体能、物理治疗
6	林轩弘	高级物理治疗师、国家体育总局备战2012年伦敦奥运会医疗专家组成员	康复体能、物理治疗
7	胡英琪	国家体育总局体育医院康复科副主任、国家体育总局备战2012年伦敦奥运会康复体能专家组成员	运动医学与康复体能
8	陈月	国家体育总局备战2012年伦敦奥运会康复体能专家组成员	运动医学与康复体能
9	卫雍绩	国家女子排球队队医	运动医学与康复体能
10	宋为平	国家男子排球队队医	运动医学与康复体能
11	Joe Godges	美国南加州大学临床物理治疗系教授	运动医学与康复体能
12	Jason Snibbe	美国南加州大学运动队队医、洛杉矶湖人队助理队医	运动医学与康复体能
13	Christopher S.Lee	斯特森鲍威尔骨科和运动医学院教授、圣地亚哥棒球大联盟教士队队医	运动医学与康复体能
14	Dean Caswell	美国男棒、男足、女排和女足队伍医疗组顾问、运动防护师、功能训练专家	运动医学与康复体能
15	MarkM. Roozen	Performance Edge Training Systems主席、创始人，NSCA主席团成员	体能训练

2. 问卷调查

初选指标筛选问卷，问卷内容包含以下两个方面：下肢关节稳定性相关因素类别测试问卷、二级指标重要程度问卷。

本研究共发放专家调查问卷15份，收回15份，回收率为100%。

在1个月的时间内，对15名专家进行了两轮问卷调查，通过SPSS统计分析得出前后两次问卷的Pearson相关系数 r=0.94，说明先后两次的问卷情况比较稳定，问卷具有一定的可信度。体能初选指标问卷调查的效度检验以专家问卷的形式进行，统计结果显示有80.0%的专家对结构"比较满意"或"非常满意"，有86.7%的专家对内容"比较满意"或"非常满意"，没有人在任何选项上选"不太满意"和"不满意"。效度检验结果见表6和表7。

表6 指标体系专家问卷结构效度检验

	非常满意	比较满意	基本满意	不太满意	不满意
次数	3	9	3	0	0
百分比	20.0%	60.0%	20.0%	0	0

经统计，共有80.0%的专家对体能初选指标体系专家问卷的内容比较满意或非常满意。

表7 指标体系专家问卷内容效度检验

	非常满意	比较满意	基本满意	不太满意	不满意
次数	5	8	2	0	0
百分比	33.3%	53.4%	13.3%	0	0

经过统计，有86.7%的专家对体能初选指标体系专家问卷的内容比较满意或非常满意。

（三）测试法

通过文献查阅、专家访谈和问卷调查，选定对男排队员进行肌力、本体感觉、核心力量及稳定性、功能性动作筛查，测试选用的指标见表8。

表8　测试采用指标名称一览

序号	一类指标名称	二类指标名称
1	本体感觉测试	优势侧膝关节空间位置觉主动30°
		优势侧膝关节空间位置觉被动60°
		非优势侧膝关节空间位置觉主动30°
		非优势侧膝关节空间位置觉被动60°
2	肌力测定	双侧踝关节背屈、跖屈肌群比率
	BIODEX PRO3 SYS	双侧踝关节内、外翻肌群比率
		双侧踝关节跖屈、背屈肌群峰力矩差值
		双侧踝关节内、外翻肌群峰力矩差值
		优势侧膝关节伸肌群峰力矩/体重
		优势侧膝关节屈肌群峰力矩/体重
		非优势侧膝关节伸肌群峰力矩/体重
		非优势侧膝关节屈肌群峰力矩/体重
		双侧膝关节屈、伸肌比率
		双侧膝关节屈、伸肌群峰力矩差值
3	核心力量及稳定性测试	1分钟仰卧起坐
		侧抛实心球
4	功能性动作筛查	FMS

1. 测试对象

我国国家男子排球队主力队员15人、北京航空航天大学男子排球队主力队员16人的详细信息见表9和表10。

表9 国家男子排球队主力队员基本情况

编号	姓名	年龄（y）	身高（cm）	体重（kg）	运动等级	运动年限（y）	场上位置	优势侧
1	张×	27	201	78	健将	16	主攻	右
2	于××	28	199	80	国际健将	17	副攻	右
3	孔××	23	176	80	健将	7	自由人	右
4	詹××	24	197	88	健将	14	二传	左
5	崔××	27	190	89	国际健将	18	主攻	右
6	郭×	30	200	86	国际健将	18	副攻	右
7	陈×	23	195	78	健将	11	接应	右
8	任×	28	174	70	健将	16	自由人	右
9	沈×	31	198	82	国际健将	21	主攻	右
10	李××	22	198	80	健将	10	二传	右
11	仲××	23	199	80	健将	12	主攻	右
12	梁××	24	206	91	健将	11	副攻	右
13	袁×	31	198	88	国际健将	16	接应	左
14	焦×	28	194	76	国际健将	15	二传	右
15	边××	23	210	95	国际健将	11	副攻	右
$\overline{X} \pm S$		26.13±3.159	195.67±9.604	82.73±6.584		14.20±3.764		

由表9可见，中国男子排球队主力队员的平均年龄为26.13±3.159，其中25岁以下队员有7人，占46.7%，30岁以上（含30岁）有3人，占20%，因此，国家男排运动员的年龄结构还是偏年轻的。队员的平均身高达到195.67±9.604 cm，处于世界平均水平；但是队员的平均体重只有82.73±6.584 kg，与世界强队相比还是偏轻的。这样的身高体重比说明队员们的肌肉还不够强壮，这与众多国内排球项目学者多年的追踪调查结果吻合[210]—[216]。由表9可见，参加研究测试的15名队员涉及了不同的场上位置，主攻4人，副攻4人，二传3人，接应2人，自由人2人，测试结果应当是具有一定意义的。

表10　北京航空航天大学男子排球队主力队员基本情况

编号	姓名	年龄（y）	身高（cm）	体重（kg）	运动等级	运动年限（y）	场上位置	优势侧
1	张××	18	202	85	二级	7	副攻	右
2	王××	18	198	78	一级	4	副攻	右
3	窦××	23	196	80	一级	12	主攻	右
4	关×	19	188	70	二级	6	自由人	右
5	黄××	22	188	80	二级	12	接应	左
6	谷×	24	193	85	二级	13	主攻	右
7	孙××	19	195	76	一级	7	主攻	右
8	刘××	20	185	70	二级	6	二传	右
9	李××	18	191	78	一级	4	主攻	右
10	邱××	19	195	85	二级	5	副攻	右
11	唐××	22	198	80	二级	6	副攻	右

续表

编号	姓名	年龄 （y）	身高 （cm）	体重 （kg）	运动 等级	运动年限 （y）	场上 位置	优势侧
12	张×	18	180	75	二级	4	自由人	左
13	乔××	21	193	85	二级	10	接应	右
14	贾××	20	195	78	一级	13	二传	右
15	孙××	20	200	90	二级	6	副攻	右
16	寇×	23	200	90	二级	12	主攻	右
$\overline{X} \pm S$		20.25 ± 2.017	193.56 ± 5.955	80.31 ± 6.063		7.93 ± 3.435		

由表10可见，北航男子排球队队员的年龄基本偏小，他们大多数为北京航空航天大学的在校本科生。由于这些队员都是经过高考特长生考试才被录取的，因此他们的身高平均值较高；但是队员们的体重同样普遍较轻。16名队员中共有一级运动员5人，二级运动员11人。队员们的场上位置分别为主攻5人，副攻5人，二传2人，接应2人，自由人2人。队员的位置分布较为合理。

表 11　两队基本情况对比

	国家队	北航队	P
年龄	26.13 ± 3.159	20.25 ± 2.017	<0.01
身高	195.67 ± 9.604	193.56 ± 5.955	0.146
体重	82.73 ± 6.584	80.31 ± 6.063	0.077
抽样主攻 %	26.7	31.3	
抽样副攻 %	26.7	31.3	
抽样二传 %	20	12.5	
抽样接应 %	13.3	12.5	
抽样自由人 %	13.3	12.5	

由表11中的对比数据可以看出，国家队队员的平均年龄比北航队队员大一些，但是在身高和体重方面，两队没有显著性差异（P>0.05）。北航男子排球队虽然是一支高校队伍，但是其日常训练比较系统，在选材上充分考虑了参加全国男排超级联赛的需求，身高、体重的统计结果也反映出了该队伍接近专业队的特点，队员整体素质明显优于普通高校的排球队伍。

抽样样本中国家队的二传比北航队多，但是主攻和副攻人数少于北航队，其他位置样本量所占比例基本一致，没有显著差异。王琳琳[217]在其硕士论文《我国青年排球不同专位运动员运动损伤特征研究》中总结，不同位置运动损伤率由高到低依次为：接应二传、副攻、主攻、二传、自由人，且膝伤和踝伤近些年呈增多趋势，在研究中排在前两位。研究数据表明，对于主攻易伤部位，排在前两位的为肩关节、腰或膝关节，副攻易伤部位为膝关节，对于二传易伤部位，排在前两位的为膝关节和腰，都涉及下肢的主要关节膝关节。从抽样样本来看，两支队伍主攻、副攻和二传的样本总量所占比例分别为73.3%（国家队）和75.0%（北航队），因此抽取的两支队伍队员结构基本合理。

两支队伍队员的运动等级差别较大，但是北航男子排球队整体水平不低，曾多次获得首都高校男排联赛的冠军、全国大学生排球比赛冠军，而且北航男排作为历史上第一支大学生球队，曾于2004年成功晋级全国排球甲A职业联赛，至今仍然活跃在中国男子排球联赛甲B组的赛场上。经过对统计学专家的访谈和咨询，认为从基本情况来看，选取的北航男子排球队可以作为国家男子排球队的参照组。

2. 测试仪器

功能性动作筛查：国产标准功能性动作筛查套件4套。

肌力与本体感觉：BIODEX PRO 3 SYS等速肌力训练与评定系统（见图2）。

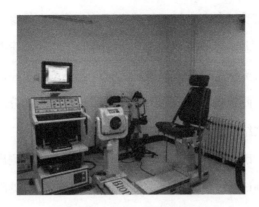

图2　BIODEX PRO 3 SYS

3. 测试地点

国家男子排球队：功能性动作筛查在国家体育总局排球训练馆内进行。其他测试均在国家体育总局运动医学研究所运动创伤与康复重点实验室（体育医院康复医学科）进行。

北京航空航天大学男子排球队：所有测试均在国家体育总局运动医学研究所运动创伤与康复重点实验室（体育医院康复医学科）进行。

4. 测试方案

（1）功能性测试

图3　功能性测试示意

进行筛查前受试者不进行任何热身活动，并向全体参加测试的受试者介绍筛查的七个基本动作（见图3）。按照功能性动作筛查的要求，由同一位测试工作人员依次对受试者进行测试。若受试者在完成动作的过程中出现疼痛现象，此动作得分为零。对测试过程中出现零分的情况进行详细记录，并在测试结束后单独进行病史、病因询问。

测试目的：确定受试者的代偿动作和薄弱环节，预测出受试者受伤的风险，为其他测试指标和结果提供参考。具体测试方法见附录1。

（2）核心力量及稳定性测试

核心力量及稳定性测试选用的动态测试指标为1分钟仰卧起坐、侧抛实心球。若受试者自我感觉测试时没调整好，可以再测试一次。

1分钟仰卧起坐：受试者仰卧于垫上，由辅助测试人员帮助固定脚踝。受试者双手抱头，双膝弯曲90°。在1分钟内，受试者由仰卧至双肘碰到双膝计为1个，时间结束时未完成的动作不计数。

侧抛实心球：根据文献资料，选择不超过受试者体重5%的2.5 kg实心球为测试用球。受试者侧向站在起始端，双手持球，双脚略分开站立，在听到"开始"口令后用力蹬地侧转，尽量用整个身体尤其是躯干的力量向前抛球。测量实心球落地中心点与标志线的垂直距离，以米为单位，保留小数点后一位。每名受试者左右侧各进行3次测试，分别记录最好成绩。

（3）等速肌力测试

方法一：膝关节等速肌力测试方法

①建立受试者数据库（年龄、性别、身高、体重、优势侧、患侧）。

②调整测试机头位置，选择膝关节等速肌力测试程序，设定膝关节运动范围。

③受试者在接受测试时将上肢放在体侧，调整膝关节屈曲90°并固定在BIODEX力臂上，将躯干固定在测试椅的靠背上，以防测试时移动。

④告诉每一个受试者测试注意事项，在正式测试前完成一次练习，以熟悉测试过程。

⑤正式开始测试，受试者膝关节尽力完成60°/s和180°/s的屈伸动作。在关节活动度的起始位置和末端位置，测试肢体不能停留。

⑥测试结束，打印肌力测试结果进行评定。

方法二：踝关节等速肌力测试方法（见图4）

图4 踝关节等速肌力测试示意

①建立受试者数据库（年龄、性别、身高、体重、优势侧、患侧）。

②调整测试机头位置，选择踝关节等速肌力测试程序，设定踝关节运动范围。

③受试者在接受测试时将上肢放在体侧，调整踝关节屈曲角度并固定在BIODEX力臂上，将躯干固定在测试椅的靠背上，以防测试时移动。

④告诉每一个受试者测试注意事项，在正式测试前完成一次练习，以熟悉测试过程。

⑤正式开始测试，受试者踝关节尽力完成30°/s的屈伸及内翻、外翻动作。在关节活动度的起始位置和末端位置，测试肢体不能停留。

⑥测试结束，打印肌力测试结果进行评定。

（4）本体感觉测试（见图5）

图5　本体感觉测试示意

方法一：膝关节主动位置重现测定

测试使用BIODEX PRO 3 SYS完成，具体方法如下：

①受试者佩戴眼罩和耳麦坐于测试位，保证测试下肢无负重。

②测试下肢从90°屈曲起始位开始缓慢均匀发力，带动测试臂以2°/s的恒定角速度运动，到达目标角度30°后停留5秒。

③测试下肢恢复到90°屈曲起始位，然后同步骤②缓慢均匀发力，带动测试臂以2°/s的恒定角速度运动。受试者感觉到达目标角度时按下STOP按钮。

④测试下肢完成目标角度的运动，每一角度重复3次。记录目标角度

和实测角度的误差。

方法二：膝关节被动位置重现测定

测试使用BIODEX PRO 3 SYS完成，具体方法如下：

①受试者佩戴眼罩和耳麦坐于测试位，保证测试下肢无负重。

②测试下肢从90°屈曲起始位开始缓慢均匀发力，带动测试臂以2°/秒的恒定角速度运动，到达目标角度60°后停留5秒。

③测试下肢回到90°屈曲起始位。

④测试下肢在BIODEX测试臂的带动下被动完成膝关节运动，受试者感觉到达设定角度时按下STOP按钮，每一角度重复3次。记录目标角度和实测角度的误差。

（四）实验法

1. 实验对象

经过初测，北京航空航天大学男子排球队的19人当中有1人因右脚严重崴伤无法参训，有2人因为腰伤训练量比较小，因此实际上实验对象为16人。按照年龄和位置将其随机分为2组，每组8人，一组为实验训练组，一组为常规训练组（见表12）。

表 12　实验训练组与常规训练组基本情况对比（$\bar{X} \pm S$）

	实验训练组（$n=8$）	常规训练组（$n=8$）	P
年龄	20.38 ± 2.326	20.13 ± 1.808	0.370
身高	193.13 ± 5.768	194.00 ± 6.503	0.386
体重	78.00 ± 5.831	82.63 ± 5.706	0.104
训练年限	8.38 ± 3.420	7.50 ± 3.625	0.250
一级运动员比例%	33.3%	25.0%	0.342

设定 $P=0.05$ 为显著性水平。由表 12 可见，对比实验训练组与常规训练组的各项基本情况，均为 $P>0.05$，即实验组与常规组队员在年龄、身高、体重、训练年限，以及组中一级运动员和二级运动员所占的比例都没有显著性差异，说明分组合理。

2. 实验地点

北京航空航天大学男排训练场地。

3. 实验时间

北航男排训练时间为周一至周六，每天下午 3：30 — 6：30，训练时间和频率与国家男排队比较接近。其中周一至周五安排技战术或身体素质训练，周六安排力量房力量训练。每周基本上会安排 3 次身体训练。

实验时间选取开学后排球队进行赛事准备的训练大周期中的准备期，进行为期 8 周、每周 6 次的训练。实验训练组每次课的训练时间与常规训练组完全一样，只是训练课中的内容不同。

4. 实验方案

常规训练组的训练计划，从准备活动到结束放松部分，都由主教练和助理教练安排。

实验训练组的准备活动和结束放松活动采用实验方案，由统一的测试人员安排，具体动作和组数见表 13。实验训练组训练课中的技战术训练和力量房力量训练与常规训练组完全一样。实验训练组在进行专项技战术训练前，要进行大约 45 分钟的试验训练内容，即准备活动部分；在专项训练课结束后，安排 30 分钟左右的试验训练内容作为结束部分。常规训练组在此两个时间段由助理教练带领，分别进行 45 分钟的常规准备活动，包括热身活动、传接球热身练习等球感练习，以及和 30 分钟的放松活动，包括队员自己的拉伸放松或二人一组的按摩放松。

表 13　实验训练组每周训练内容安排

	周一	周二	周三	周四	周五	周六
实验内容安排	身体运动功能训练	核心训练+延长再生时间	身体运动功能训练	核心训练+延长再生时间	身体运动功能训练	核心训练+延长再生时间
常规训练安排	技战术	技战术+基本素质	技战术	技战术+基本素质	技战术	力量房

实验训练组实验方案具体内容（见表14）：

准备活动部分：

（1）软组织唤醒：使用泡沫轴、网球等器材，针对腓肠肌、腘绳肌、臀大肌、股四头肌、腰背部肌群进行训练，每个部位进行30—60秒。

（2）平衡训练（本体感觉训练）：

①平衡盘单腿站立每侧各30秒

②平衡盘基本功能动作双腿站立30秒

③平衡盘基本功能动作单腿站立30秒

④平衡盘基本功能动作单腿五点侧点地，每条腿进行两组

⑤平衡盘双腿站立垫球20次

⑥平衡盘双人传接球30次

（3）核心训练：在进行专门的核心训练时，通过负重、减少支撑点、改变支撑点稳定性来逐渐增加难度和负荷。

①静态肘撑俯桥20—40秒

②三点支撑俯桥各15—30秒（单臂或单腿）

③单臂单腿支撑俯桥10—20秒

④双手撑平衡盘俯桥20—40秒

⑤单手撑平衡盘俯桥20—40秒

⑥单手单腿平衡盘俯桥20—40秒

⑦静态仰桥20—40秒

⑧单腿支撑仰桥各20—40秒

⑨双腿泡沫轴上仰桥20—40秒

⑩单腿球上支撑仰桥各20—40秒

⑪静态肘撑双侧侧桥各20—40秒

⑫上腿平举侧桥每侧20—30秒

⑬肘撑平衡盘侧桥双侧各20—40秒

⑭手撑排球侧桥双侧各20—40秒

（4）臀大肌激活：器材为迷你带，通过增加踝部迷你带及调整迷你带强度来增加难度和负荷。

①膝迷你带原地基本功能动作站立20—30秒

②膝迷你带原地单膝外展5—10次

③膝迷你带原地双膝外展5—10次

④膝迷你带前向/后向/侧向各行进10—20步

⑤膝踝迷你带原地基本功能动作站立20—30秒

⑥膝踝迷你带原地单膝外展5—10次

⑦膝踝迷你带原地双膝外展5—10次

⑧膝踝迷你带前向/后向/侧向各行进10—20步

（5）动态拉伸：每个动作每侧各进行3—5次。

①行进中大腿前群肌肉拉伸

②行进中单腿抱膝提踵

③水平抱膝拉伸

④前/后弓步拉伸

⑤弓步侧蹲

⑥后撤步交叉蹲

⑦手足走

⑧燕式平衡

⑨最伟大的拉伸

（6）动作整合：各进行10—20次。

①原地踏步

②前向踏步

③后向踏步

④侧向踏步

⑤原地跳步

⑥前向跳步

⑦后向跳步

⑧侧向跳步

（7）神经激活：每个动作各进行10秒。

①原地快速双脚同时点地

②原地快速双脚同时点地转髋

③原地快速双脚交替点地

④前向快速双脚交替点地

⑤后向快速双脚交替点地

⑥侧向快速双脚交替点地

（8）跳跃动作模式训练：每个动作各练习3次或连续3步。

①NCM–原地双脚起跳、双脚落地

②NCM-原地双脚起跳、单脚落地

③NCM-原地单脚起跳、单脚落地

④NCM-正向/侧向双脚起跳、双脚落地

⑤NCM-正向/侧向单脚起跳、单脚落地

⑥CM-原地双脚起跳、双脚落地

⑦CM-原地双脚起跳、单脚落地

⑧CM-原地单脚起跳、单脚落地

⑨CM-正向/侧向双脚起跳、双脚落地

⑩CM-正向/侧向单脚起跳、单脚落地

⑪DC-原地双脚起跳、双脚落地

⑫DC-原地双脚起跳、单脚落地

结束部分：

（9）筋膜放松：

器材：泡沫轴、网球、按摩棒。

针对背部、下腰部、臀部、大腿和小腿肌群进行自我筋膜放松，时长为10 — 15分钟。

（10）静态拉伸：

队员根据自身情况，做下肢和腰部的静态拉伸动作，时长为10 — 15分钟。

①髋关节主动拉伸练习

②股四头肌主动拉伸练习

③腘绳肌主动拉伸练习

④大腿内收肌主动拉伸练习

⑤大腿外侧主动拉伸练习

⑥小腿后群肌主动拉伸练习

⑦小腿前群肌主动拉伸练习

⑧腹部肌肉主动拉伸练习

⑨下背部肌肉主动拉伸练习

⑩躯干旋转肌群主动拉伸练习

表 14　训练内容安排示例

部分	项目	周一、周三、周五	周二、周四、周六	用时
准备部分	（1）	全部	全部	5分钟
	（2）	①②③⑤⑥	②④⑤⑥	5分钟
	（3）	①②④⑤⑦⑧⑪⑫	负重①、③、④、⑤、⑥、⑨、⑩、负重⑪、⑬、⑭	7—10分钟
	（4）	前两周进行①②③④，并根据情况调整迷你带强度；后六周只进行⑤⑥⑦⑧	①②③④通过调整迷你带颜色来增加强度	4—6分钟
	（5）	①②③④⑤⑦⑧⑨	全部	8分钟
	（6）	全部	①②③④⑤	5—7分钟
	（7）	全部	③④⑤⑥	3分钟
	（8）	前两周：①②③⑥⑦⑧⑪⑫；后六周：④⑤⑨⑩⑪⑫	前两周：①②⑥⑦⑪⑫；后六周：⑨⑩⑪⑫	7—9分钟
结束部分	（9）	全部		10—15分钟
	（10）	全部		15分钟

（五）数理统计法

将测试数据录入Excel建立数据库。在处理数据的过程中，主要采用
SPSS17.0统计软件对数据进行变异系数统计、T检验和相关分析。

三、研究路线

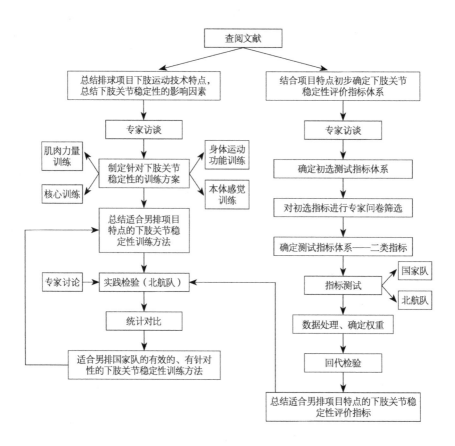

第四章 研究结果与分析

一、男排运动员下肢关节稳定性评价指标筛选研究

（一）初选指标体系的确定

经过查阅资料和对专家的访谈，得出的初选指标体系如下：

1. 本体感觉指标

2. 等速肌力指标

3. 核心力量及稳定性指标

4. 平衡能力指标

5. 功能性测试专项素质指标

（二）初选指标筛选

请受访专家对问卷中指标的重要性打分，设定重要性由高到低依次为5分（非常重要）、4分（重要）、3分（一般）、2分（不重要）、1分（非常不重要）。

表 15　一级指标专家问卷结果（平均数 ± 标准差）

一级指标	平均数 ± 标准差	变异系数	指标权重
本体感觉	3.53 ± 1.19	0.336	0.236
等速肌力	3.00 ± 1.60	0.535	0.200
核心力量及稳定性	2.73 ± 1.39	0.507	0.182
平衡能力	2.60 ± 0.91	0.350	0.173
功能性测试专项素质	3.13 ± 1.85	0.589	0.209

表 16　二级指标专家问卷结果（平均数 ± 标准差）

二级指标	平均数 ± 标准差	变异系数	二级指标权重	二级指标复合权重	复合权重排名
优势侧踝关节空间位置觉主动30°	1.33 ± 0.49	0.366	0.037	0.0087	8
优势侧踝关节空间位置觉被动30°	3.20 ± 0.41	0.129	0.089	0.0209	6
非优势侧踝关节空间位置觉主动30°	1.67 ± 0.49	0.293	0.046	0.0109	7
非优势侧踝关节空间位置觉被动30°	3.80 ± 0.41	0.109	0.106	0.0249	5
优势侧膝关节空间位置觉主动30°	5.80 ± 0.41	0.071	0.161	0.0380	3
优势侧膝关节空间位置觉被动60°	7.67 ± 0.49	0.064	0.213	0.0502	1
非优势侧膝关节空间位置觉主动30°	5.20 ± 0.41	0.080	0.144	0.0340	4

二级指标	平均数 ± 标准差	变异 系数	二级指 标权重	二级指标 复合权重	复合 权重 排名
非优势侧膝关节空间位置觉 被动60°	7.33 ± 0.49	0.067	0.204	0.0480	2
双侧踝关节跖屈肌群 峰力矩/体重	7.67 ± 0.49	0.064	0.037	0.0073	13
双侧踝关节内翻肌群 峰力矩/体重	9.67 ± 0.49	0.050	0.046	0.0092	11
双侧踝关节背屈肌群 峰力矩/体重	7.53 ± 1.06	0.141	0.036	0.0072	14
双侧踝关节外翻肌群 峰力矩/体重	9.07 ± 0.59	0.065	0.043	0.0086	12
双侧踝关节背屈肌群、跖屈肌 群比率	13.27 ± 0.46	0.035	0.063	0.0126	8
双侧踝关节内翻肌群、外翻肌 群比率	13.73 ± 0.46	0.033	0.065	0.0131	7
双侧踝关节跖屈肌群、背屈肌 群峰力矩差值	11.27 ± 0.46	0.041	0.054	0.0107	10
双侧踝关节内翻肌群、外翻肌 群峰力矩差值	11.60 ± 0.51	0.044	0.055	0.0111	9
优势侧膝关节伸肌群 峰力矩/体重	17.73 ± 0.46	0.026	0.085	0.0169	3
优势侧膝关节屈肌群 峰力矩/体重	17.27 ± 0.46	0.027	0.082	0.0165	4
非优势侧膝关节伸肌群 峰力矩/体重	15.73 ± 0.46	0.029	0.075	0.0150	5
非优势侧膝关节屈肌群 峰力矩/体重	15.27 ± 0.46	0.030	0.073	0.0146	6

续表

二级指标	平均数 ± 标准差	变异 系数	二级指 标权重	二级指标 复合权重	复合 权重 排名
双侧膝关节屈肌、伸肌比率	19.80 ± 0.41	0.021	0.094	0.0189	1
双侧膝关节屈肌群、伸肌群 峰力矩差值	19.20 ± 0.41	0.022	0.092	0.0183	2
优势侧髋关节伸肌群 峰力矩/体重	3.20 ± 1.21	0.377	0.015	0.0031	18
优势侧髋关节屈肌群 峰力矩/体重	3.67 ± 1.84	0.501	0.017	0.0035	16
非优势侧髋关节伸肌群 峰力矩/体重	2.93 ± 1.58	0.539	0.014	0.0028	20
非优势侧髋关节屈肌群 峰力矩/体重	3.53 ± 1.46	0.412	0.017	0.0034	17
双侧髋关节屈肌、伸肌比率	3.00 ± 1.73	0.577	0.014	0.0029	19
双侧髋关节屈肌群、伸肌群 峰力矩差值	4.67 ± 2.02	0.434	0.022	0.0044	15
1分钟仰卧起坐	4.00 ± 0.85	0.2113	0.267	0.0486	1
侧抛实心球	3.93 ± 0.96	0.2443	0.262	0.0477	2
俯桥	3.07 ± 1.44	0.4688	0.204	0.0371	3
仰桥	1.93 ± 0.96	0.4971	0.129	0.0235	5
侧桥	2.07 ± 1.39	0.6711	0.138	0.0251	4
左右侧动态平衡值	1.73 ± 0.70	0.406	0.289	0.0501	3

续表

二级指标	平均数 ±标准差	变异系数	二级指标权重	二级指标复合权重	复合权重排名
左右侧动态平衡差值	2.47 ± 0.74	0.301	0.411	0.0713	1
闭目单脚支撑	1.80 ± 0.86	0.479	0.300	0.0520	2
FMS	1.00 ± 0.00	0.000	1.000	0.2089	1

在二级指标筛选中，对满足以下条件之一者予以剔除：变异系数大于0.3、复合权重排序在本等级后1/3、复合权重小于0.01。据此原则对表16二级指标专家问卷结果进行了筛选。非优势侧踝关节空间位置觉被动30°指标虽然未达到剔除标准，但是由于踝关节本体感觉测试仅剩余此一个指标，而且权重相对于膝关节较低，所以决定剔除该指标。

表 17 一级、二级指标专家问卷筛选结果

一级指标	二级指标	平均数 ±标准差	变异系数	二级指标权重	二级指标复合权重	复合权重排名
本体感觉	优势侧膝关节空间位置觉主动30°	5.80 ± 0.41	0.071	0.161	0.0380	3
	优势侧膝关节空间位置觉被动60°	7.67 ± 0.49	0.064	0.213	0.0502	1
	非优势侧膝关节空间位置觉主动30°	5.20 ± 0.41	0.080	0.144	0.0340	4
	非优势侧膝关节空间位置觉被动60°	7.33 ± 0.49	0.067	0.204	0.0480	2

一级指标	二级指标	平均数 ± 标准差	变异系数	二级指标权重	二级指标复合权重	复合权重排名
等速肌力	双侧踝关节背屈肌群、跖屈肌群比率	13.27 ± 0.46	0.035	0.063	0.0126	8
	双侧踝关节内翻肌群、外翻肌群比率	13.73 ± 0.46	0.033	0.065	0.0131	7
	双侧踝关节跖屈肌群、背屈肌群峰力矩差值	11.27 ± 0.46	0.041	0.054	0.0107	10
	双侧踝关节内翻肌群、外翻肌群峰力矩差值	11.60 ± 0.51	0.044	0.055	0.0111	9
	优势侧膝关节伸肌群峰力矩/体重	17.73 ± 0.46	0.026	0.085	0.0169	3
	优势侧膝关节屈肌群峰力矩/体重	17.27 ± 0.46	0.027	0.082	0.0165	4
	非优势侧膝关节伸肌群峰力矩/体重	15.73 ± 0.46	0.029	0.075	0.0150	5
	非优势侧膝关节屈肌群峰力矩/体重	15.27 ± 0.46	0.030	0.073	0.0146	6
	双侧膝关节屈肌、伸肌比率	19.80 ± 0.41	0.021	0.094	0.0189	1
	双侧膝关节屈肌群、伸肌群峰力矩差值	19.20 ± 0.41	0.022	0.092	0.0183	2
核心力量	1分钟仰卧起坐	4.00 ± 0.85	0.2113	0.267	0.0486	1
	侧抛实心球	3.93 ± 0.96	0.2443	0.262	0.0477	2
功能性筛查	FMS	1.00 ± 0	0	1.000	0.2089	1

表17为专家问卷对指标的选择结果，下一步将对选择出的一级指标（4个）、二级指标（17个）进行测定和定量分析，进一步对评定指标进行筛选。

（三）二级指标筛选

根据专家问卷筛选出的一级指标（4个）、二级指标（17个）对我国国家男子排球队主力队员15人、北京航空航天大学男子排球队主力队员16人进行各项指标测试。

1.二级指标的变异系数统计学结果分析

表18 测试指标变异系数统计

一级指标	二级指标	平均数 ± 标准差	变异系数	筛选结果
本体感觉	优势侧膝关节空间位置觉主动30°	3.6 ± 1.1	0.300	
	优势侧膝关节空间位置觉被动60°	3.8 ± 1.0	0.254	
	非优势侧膝关节空间位置觉主动30°	3.9 ± 0.8	0.202	
	非优势侧膝关节空间位置觉被动60°	2.5 ± 0.7	0.301	
等速肌力	优势侧踝关节背屈肌群、跖屈肌群比率	74.7 ± 3.4	0.046	剔除
	非优势侧踝关节背屈肌群、跖屈肌群比率	76.0 ± 3.2	0.042	剔除
	优势侧踝关节内翻肌群、外翻肌群比率 [LA（Ev/In）]	97.1 ± 13.4	0.138	
	非优势侧踝关节内翻肌群、外翻肌群比率 [RA（Ev/In）]	95.6 ± 20.0	0.210	

续表

一级指标	二级指标	平均数 ± 标准差	变异系数	筛选结果
等速肌力	双侧踝关节跖屈肌群峰力矩差值	8.9 ± 5.8	0.655	剔除
	双侧踝关节背屈肌群峰力矩差值	8.6 ± 4.7	0.552	剔除
	优势侧踝关节内翻肌群、外翻肌群峰力矩差值	11.8 ± 4.9	0.412	剔除
	非优势侧踝关节内翻肌群、外翻肌群峰力矩差值	14.3 ± 11.6	0.810	剔除
	优势侧膝关节伸肌群峰力矩/体重（LKF-PT/BW）	144.6 ± 36.4	0.252	
	优势侧膝关节屈肌群峰力矩/体重（RKF-PT/BW）	277.9 ± 80.4	0.289	
	非优势侧膝关节伸肌群峰力矩/体重（LKF-PT/BW）	143.7 ± 37.4	0.260	
	非优势侧膝关节屈肌群峰力矩/体重（LKF-PT/BW）	275.5 ± 67.3	0.244	
	优势侧膝关节屈肌、伸肌比率[LK（E/F）]	52.1 ± 10.4	0.200	
	非优势侧膝关节屈肌、伸肌比率[RK（E/F）]	55.5 ± 12.8	0.231	
	双侧膝关节屈肌群峰力矩差值[KE（L-R）]	19.8 ± 5.0	0.253	
	双侧膝关节伸肌群峰力矩差值[KF（L-R）]	11.8 ± 3.5	0.297	
核心力量	1分钟仰卧起坐	4.0 ± 0.9	0.211	
	左侧抛实心球	3.9 ± 1.0	0.244	

续表

一级指标	二级指标	平均数 ± 标准差	变异系数	筛选结果
核心力量	右侧抛实心球	3.9 ± 0.9	0.224	
FMS		1.0 ± 0	0	

由表18可见，通过对测试指标变异系数进行统计学分析，进一步完成了指标的筛选。高优、低优指标变异系数的计算直接使用标准差/均值；中优指标（有正负）分别计算正值和负值的变异系数，再把计算变异系数绝对值的均值作为最终变异系数。变异系数剔除指标的标准是变异系数大于0.3或小于0.05。变异系数过大，说明指标不稳定；过小，说明指标不具有区分度。通过统计学分析初步剔除等速肌力测试项目中的6个指标（已在表18中标出），而保留本体感觉、核心力量及FMS测试指标。

2.二级指标的相关系数统计学结果分析

表19 肌力指标相关系数统计

	LKF–PT/BW	RKF–PT/BW	KF(L–R)	LK(E/F)	RK(E/F)	LKE–PT/BW	RKE–PT/BW	KE(L–R)	LA(Ev/In)	RA(Ev/In)
LKF–PT/BW	1.000	0.642	0.256	−0.536	−0.284	0.823	0.668	0.082	−0.438	0.049
		0.010	0.357	0.040	0.305	0.000	0.006	0.770	0.103	0.862
RKF–PT/BW		1.000	0.002	−0.496	−0.363	0.657	0.720	−0.057	−0.615	−0.095
			0.994	0.060	0.183	0.008	0.002	0.841	0.015	0.736
KF(L–R)			1.000	−0.354	0.446	0.322	0.263	0.390	−0.295	0.605
				0.196	0.096	0.242	0.344	0.151	0.286	0.017
LK(E/F)				1.000	0.419	−0.166	−0.169	−0.001	0.577	−0.650
					0.120	0.555	0.548	0.997	0.024	0.009

续表

	LKF-PT/BW	RKF-PT/BW	KF(L-R)	LK(E/F)	RK(E/F)	LKE-PT/BW	RKE-PT/BW	KE(L-R)	LA(Ev/In)	RA(Ev/In)
RK(E/F)					1.000	0.026	0.221	-0.307	0.036	-0.002
						0.926	0.429	0.265	0.898	0.994
LKE-PT/BW						1.000	0.824	0.174	-0.424	-0.120
							0	0.536	0.115	0.670
RKE-PT/BW							1.000	-0.219	-0.586	-0.192
								0.432	0.022	0.493
KE(L-R)								1.000	0.192	0.220
									0.494	0.430
LA(Ev/In)									1.000	-0.247
										0.374
RA(Ev/In)										1.000

表 20　本体感觉指标相关系数统计

	LK-A30	RK-A30	LK-P60	RK-P60
LK-A30	1.000	0.401	-0.023	-0.058
		0.139	0.935	0.837
RK-A30		1.000	-0.169	0.203
			0.548	0.468
LK-P60			1.000	-0.036
				0.899
RK-P60				1.000

表21 核心力量指标相关系数统计

	1分钟仰卧起坐	左抛实心球	右抛实心球
1分钟仰卧起坐	1.000	0.519	0.366
		0.003	0.180
左抛实心球		1.000	0.639
			0.002
右抛实心球			1.000

相关系数分析指标剔除标准：指标内部相关系数绝对值大于0.7的属于较高程度相关，指标间相似性较高，保留测试便捷，耗时、耗材较少的指标；若某一指标与其他多个指标存在多重相似性，为保证测试便捷，保留该指标，同时剔除相似指标。据此标准，对于等速肌力测定指标，可保留膝关节60°优势侧屈伸肌比率、膝关节60°非优势侧屈伸肌比率、膝关节60°双侧伸肌群差值、膝关节60°双侧屈肌群差值、踝关节30°优势侧内外翻比率、踝关节30°非优势侧内外翻比率6项指标（见表19）。

本体感觉测试指标全部保留，分别为：优势侧膝关节空间位置觉主动30°、非优势侧膝关节空间位置觉主动30°、优势侧膝关节空间位置觉被动60°、非优势侧膝关节空间位置觉被动60°（见表20）。

核心力量测试指标保留1分钟仰卧起坐、左侧抛实心球和右侧抛实心球（见表21）。

（四）最终测试指标确定及分析

最终测试指标确定原则：在统计学分析的基础上，结合项目特点及测试原理，全面、充分考虑与下肢稳定性的相关性及可行性。

以上统计学指标筛选基本上涵盖了下肢稳定性所涉及的因素，在专家问卷指标筛查中剔除了一级指标中的平衡能力测试选项，通过分析该项指标的测试原理，得出平衡测试中本体感觉功能占很大的比重，与本书中的本体感觉指标有一定的重叠性；另外，考虑到实际测试的过程中平衡指标系统误差及人为因素干扰较大，所以剔除该指标比较客观。

在筛选出的等速肌力测试二级指标中，涉及踝关节的2项指标与下肢稳定性相关性不高，另外，踝关节内外翻测试的系统误差较大。所以，考虑到综合因素，最终决定剔除该指标。

通过专家问卷、指标变异系数统计及相关分析，本项研究的指标筛选结果见表22。

表 22　指标筛选结果

一级指标	筛选出的二级指标
FMS	FMS
核心力量指标	抛实心球 1分钟仰卧起坐
本体感觉指标	膝关节空间位置觉主动30° 膝关节空间位置觉被动60°
等速肌力指标	膝关节60°屈伸肌比率 膝关节60°双侧伸肌群差值 膝关节60°双侧屈肌群差值

二、男排运动员下肢关节稳定性训练方法体系实证研究

（一）提高下肢关节稳定性训练方案总结

下肢关节稳定性训练主要是通过本体感觉训练和神经控制性训练来增强运动员在完成复杂动作时对身体的控制能力[217]。本书中涉及的训练方法包括核心训练、本体感觉训练、身体运动功能训练。但是在实践中，由于身体功能训练体系包括核心训练的训练方法，同时也融入了本体感觉训练，且不能完全将之区分开进行描述，因此，本书在总结训练方法时，是按照训练课的训练计划顺序来进行归类描述的。

1. 软组织唤醒

身体运动功能训练的理念认为，普通的准备活动只是对目标肌肉进行了唤醒，而没有涉及肌肉附着点等致密的结缔组织。如果这些软组织不常在热身活动中得到有效的刺激和唤醒，就会引发各种肌腱炎。就排球项目来讲，场上跑动和跳跃动作较多，针对下肢及腰背部的软组织唤醒方法如下：

器材：泡沫轴、TP球或网球、按摩棒等

（1）部位：足底

将TP球放于脚掌中心，缓慢地将身体重心移到该脚上。用脚揉动TP球，使TP球在脚掌范围内前后、左右小范围移动。可以用球对足底感觉疼痛和比较紧张的部位进行滚动按压，另一只脚支撑。（见图6）

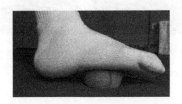

图6 足底唤醒

（2）部位：跟腱、小腿后群肌肉

方法一：以右腿跟腱为例。坐在垫上，将TP球放于右腿跟腱处，左腿伸直，叠放在右腿上，双脚自然放松。双臂在髋部两侧支撑，使身体略微离开地面，上体保持直立。双臂前后推动，使右腿跟腱或小腿后群肌肉在TP球上缓慢地小范围移动。移动几次后，换另一侧。如果发生剧烈疼痛，可以在该痛点按压几秒钟。（见图7）

方法二：以右腿为例。坐在垫上，右腿自然弯曲，双手持按摩棒在跟腱或小腿后群肌肉的起止点来回滚动。（见图8）

图7　跟腱、小腿后群肌肉唤醒（方法一）

图8　跟腱、小腿后群肌肉唤醒（方法二）

（3）部位：大腿

方法一：以右腿为例。坐在垫上，左腿自然伸直。双手持按摩棒在右腿大腿前群、后群肌肉上来回滚动。（见图9）

方法二：以右腿为例。坐在垫上，左腿自然伸直，右腿弯曲撑地。将泡沫轴放于右腿大腿后方，双手撑地推动身体，使泡沫轴在大腿后侧臀部和膝关节之间来回滚动。或者将泡沫轴放于大腿前方，使泡沫轴在大腿前侧来回滚动。（见图10）

图9　大腿唤醒（方法一）

图10　大腿唤醒（方法二）

（4）部位：腰背部

仰卧，双臂于体前交叉。坐在垫上，双膝微屈。将泡沫轴或双TP球放于腰椎下方，使之在腰椎范围内缓慢地滚动。保持核心部位收紧，正常呼吸，不要憋气。（见图11）

图11 腰背部唤醒

2.本体感觉训练方法

适合排球运动员的下肢本体感觉训练如下：

器材：平衡盘和排球

（1）平衡盘单腿站立

一只脚站立在平衡盘上，双手自然下垂，目视前方。尽量减少晃动，保持身体稳定，尤其是髋部，尽量不要扭转。（见图12）

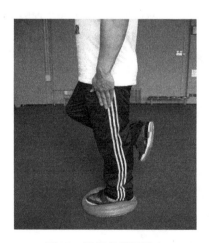

图12 平衡盘单腿站立

（2）平衡盘基本功能动作·双腿站立

双腿分立在两个平衡盘上，以身体运动功能训练基本功能动作的准备姿态站立。尽量减少晃动，保持身体稳定。（见图13）

图13 平衡盘基本功能动作·双腿站立

（3）平衡盘基本功能动作·单腿站立

一只脚站立在平衡盘上，另一只脚直接踏地，以身体运动功能训练基本功能动作的准备姿态站稳后，缓慢抬起触地脚。尽量调整身体，减少晃动。（见图14）

图14 平衡盘基本功能动作·单腿站立

（4）平衡盘基本功能动作·单腿五点侧点地

以右腿为例。左脚站立在平衡盘上，右脚直接踏地，以身体运动功能训练基本功能动作的准备姿态站稳后，缓慢地抬起右脚，分别以脚尖点触正前点、右上前点、正右点、右后下点、正后点五点。在缓慢移动点触的过程中，左腿要尽量保持稳定，同时要保持身体基本功能动作的稳定性。（见图15）

图15   平衡盘基本功能动作·单腿五点侧点地

（5）平衡盘双腿站立垫球

双腿分立在两个平衡盘上，以排球运动中垫球的技术动作要求进行原地的垫球练习。双脚不可离开平衡盘。（见图16）

图16 平衡盘双腿站立垫球

（6）平衡盘双人传接球

双腿分立在两个平衡盘上，以排球运动中传球的技术动作要求进行二人一组的原地传接球练习。双脚不可离开平衡盘。（见图17）

图17 平衡盘双人传接球

3. 核心训练

本书中采用的核心训练兼顾核心稳定性和核心力量，结合排球项目特征由易到难安排动作进行训练。在训练过程中，通过低难度动作向运动员强调正确、标准的动作，帮助运动员形成并强化正确的动作模式。然后在此基础上通过负重、减少支撑点、改变支撑点稳定性等来逐渐增加难度和负荷。训练中动作的标准程度比负荷大小更重要。

具体动作如下：

（1）静态肘撑俯桥

双肘撑于胸前俯卧在垫上；双腿伸直、并拢，脚尖撑地。收紧身体，使膝、髋、肩关节在一条直线上，脚跟到头在一个平面上。注意，不要低头、塌腰、屈髋。（见图18）

图18　静态肘撑俯桥

（2）三点支撑俯桥（单腿或单臂）

按照静态俯桥的准备姿势撑起身体，使脚跟到头在一个平面上，抬起一条腿或将一只手臂向前平伸。（见图19）

图19　三点支撑俯桥（单腿或单臂）

（3）单臂、单腿支撑俯桥

按照静态俯桥的准备姿势撑起身体，使脚跟到头在一个平面上，同时抬起一条腿和对侧手臂并平伸。（见图20）

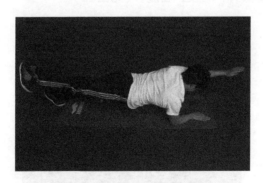

图20　单臂、单腿支撑俯桥

（4）双手撑平衡盘俯桥

双手同时撑在一个平衡盘上；双腿伸直、并拢，脚尖撑地。收紧身体，使膝、髋、肩关节在一条直线上，脚跟到头在一个平面上。注意，不要低头、塌腰、屈髋。（见图21）

图21　双手撑平衡盘俯桥

（5）单手撑平衡盘俯桥

一只手撑在平衡盘上，另一只手臂向前平伸；双腿伸直、并拢，脚尖撑地。收紧身体，使膝、髋、肩关节在一条直线上，脚跟到头在一个平面上。注意，不要低头、塌腰、屈髋。（见图22）

图22　单手撑平衡盘俯桥

（6）单手、单腿平衡盘俯桥

准备姿势同静态俯桥，一只手撑在平衡盘上，另一只手臂和对侧腿抬起并平伸。注意，不要低头、塌腰、屈髋，保持身体的平直和稳定。（见图23）

图23　单手、单腿平衡盘俯桥

（7）静态仰桥

　　仰卧在垫上，勾脚尖并用双脚脚跟撑地，将髋部上顶。腰腹肌群和臀肌收紧，并注意胸到膝在一个平面上。（见图24）

图24　静态仰桥

（8）单腿支撑仰桥

　　仰卧在垫上，勾脚尖并用双脚脚跟撑地，将髋部上顶。腰腹肌群和臀肌收紧，并注意胸到膝在一个平面上。稳定后将一条腿抬起、平伸，注意保持身体的平直和稳定。（见图25）

图25　单腿支撑仰桥

（9）双腿泡沫轴上仰桥

仰卧在垫上，勾脚尖并将双脚脚跟放在泡沫轴上。髋部上顶，腰腹肌群和臀肌收紧，并注意胸到膝在一个平面上。（见图26）

图26　双腿泡沫轴上仰桥

（10）单腿球上支撑仰桥

仰卧在垫上，勾脚尖并将一只脚的脚跟放在排球上；另一只脚的脚跟撑地，将髋部上顶，腰腹肌群和臀肌收紧，并注意胸到膝在一个平面上。稳定后将撑地腿抬起、平伸，注意保持身体的平直和稳定。（见图27）

图27 单腿球上支撑仰桥

（11）静态肘撑双侧侧桥

侧卧在垫上，一侧肘和下臂撑在垫上。双脚交叠并勾脚尖，注意踝、髋、肩、耳在一条直线上，保持身体的平直和稳定。（见图28）

图28 静态肘撑双侧侧桥

（12）上腿平举侧桥

侧卧在垫上，一侧肘和下臂撑在垫上。双脚交叠并勾脚尖，注意踝、髋、肩、耳在一条直线上。稳定后将上侧腿抬起、平伸，注意保持身体的平直和稳定。（见图29）

图 29　上腿平举侧桥

（13）肘撑平衡盘侧桥

侧卧在垫上，一侧肘和下臂撑在平衡盘上。双脚交叠并勾脚尖，并注意踝、髋、肩、耳在一条直线上，保持身体的平直和稳定。（见图 30）

图 30　肘撑平衡盘侧桥

（14）手撑排球侧桥

侧卧在垫上，一只手撑在排球上。脚交叠并勾脚尖，注意踝、髋、肩、耳在一条直线上，保持身体的平直和稳定。（见图 31）

图31 手撑排球侧桥

4. 动作准备

动作准备是身体运动功能训练中的重要环节，是针对专项练习的一种高效、系统的激活方法，以满足专项动作的特殊需要。身体运动功能训练理念认为动作准备的作用和目标是：促进血液流动，拉伸筋膜，增大关节活动范围，使核心部位的肌肉温度升高；增强身体的控制力和对动作的自我纠正能力，以减小受伤的可能性；有效拉长肌肉，增加肌肉的协同工作能力（交互抑制）和连续完成动作的能力；使身体在进行多关节运动的过程中保持核心稳定，以减少能量损失；重复动作，形成适当的运动模式；激活神经系统。

动作准备的内容主要包括臀大肌激活、动态拉伸、动作整合、神经激活。

（1）臀大肌激活

功能训练理念认为臀部连接上肢运动链和下肢运动链，是维持脊柱功能的基础，因此臀部是人体运动链的操纵者，强调特别注重臀部肌肉的训练，以辅助纠正运动员不正确的训练姿态。对于排球运动员，尤其应注重髋部和臀部动作功能的训练，这对提高下肢运动链的效率和动作的安全性具有重要的意义。

器材：迷你带。通过增加踝关节处迷你带及调整迷你带强度来增加难度和负荷

具体动作如下：

①膝/膝踝迷你带原地基本功能动作站立

将迷你带套于膝/膝踝处，以基本功能动作姿势站立；双腿分开，与肩同宽。髋、膝稍屈，保持膝关节不超过脚尖，收紧腰腹部。（见图32）

图32　膝/膝踝迷你带原地基本功能动作站立

②膝/膝踝迷你带原地单膝外展

将迷你带套于膝/膝踝处，以基本功能动作姿势站立。一侧膝关节外展，外展时不得超过身体矢状面。（见图33）

图33　膝/膝踝迷你带原地单膝外展

③膝/膝踝迷你带原地双膝外展

将迷你带套于膝/膝踝处，以基本功能动作姿势站立。双侧膝关节同时外展，保持稳定姿态，收紧腰腹部。（见图34）

图34　膝/膝踝迷你带原地双膝外展

④膝/膝踝迷你带前向/后向/侧向行进

将迷你带套于膝/膝踝处，以基本功能动作姿势站立。左右脚依次向

前/后移动约一脚的距离。侧行时要先蹬一条腿，另一条腿随之侧向移动。（见图35）

图35   膝/膝踝迷你带前向/后向/侧向行进

（2）动态拉伸

动态拉伸训练是在非静止状态下进行的。特定的拉伸动作不仅可以对运动员的韧带和肌肉进行有效的拉长，扩大其关节活动范围，同时还可以在拉伸过程中提高对身体的控制能力，强化本体感觉，增强做连续动作和肌肉协同动作的能力。适用于排球项目的动态拉伸动作如下：

①行进中大腿前群肌肉拉伸

以右腿为例。左腿前进一小步，同侧手臂上举并伸直。右手握住右侧踝关节处，尽量将脚跟拉近臀部。保持3秒后，放下右腿并向前一步，对左腿进行拉伸。（见图36）

图36 行进中大腿前群肌肉拉伸

②行进中抱膝提踵

以左腿为例。右腿前进一小步，双手抱左膝，尽量将其拉向胸前。左脚脚尖勾起，右脚提踵，身体保持直立。保持3秒后，放下左腿并向前一步，对右腿进行拉伸。（见图37）

图37 行进中抱膝提踵

③水平抱膝拉伸

以左腿为例。右腿前进一小步，双手抱左腿小腿，使其平行于地面，尽量将其水平拉向胸前。左脚脚尖勾起，身体保持直立。保持3秒后，放下左腿并向前一步，对右腿进行拉伸。（见图38）

图38　水平抱膝拉伸

④前/后弓步拉伸

以右腿为例。右腿向前/后跨步，弓步下蹲，使双腿膝关节分别成90°。左臂上伸，身体保持直立并做侧拉伸。（见图39）

图39　前/后弓步拉伸

⑤弓步侧蹲

以右腿为例。右腿侧跨步，左腿伸直，保持脚尖和膝关节同时向前且膝关节不超过脚尖。臀部后坐，至保证髋关节不扭转为止，保持2秒。起立后对左腿进行拉伸。（见图40）

图40　弓步侧蹲

⑥后撤步交叉蹲

以右腿为例。右腿向左后侧跨小半步。保持双脚不移动，髋部转至正向然后下蹲，双臂向前平伸。（见图41）

图41   后撤步交叉蹲

⑦手足走

双腿并拢站立。直腿，弯腰，手撑地，做体前屈动作；双手交替向前爬行，保持双脚不移动。双手向前爬行至最大限度时做俯卧撑。然后双脚交替小步前行，与双手靠拢，至不能保持双膝直立为止。（见图42）

图42　手足走

⑧燕式平衡

　　直体站立，收紧腰腹部和臀部肌肉。双臂侧平举，拇指始终向上。一条腿向前一小步支撑；另一条腿先保持原来的姿势，再缓慢离地，使之和上体逐渐与地面平行，并勾脚尖。当身体与地面平行时静止并保持2秒。缓慢地恢复起始动作，向前一小步，换另一条腿重复前面的动作。（见图43）

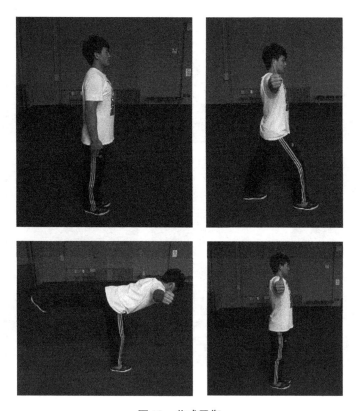

图43　燕式平衡

⑨ "最伟大的拉伸"

上体保持直立，向前跨一大步并保持弓步姿势。前屈的腿膝关节不要超过脚尖；后面的腿伸直，拉伸髋关节。与伸直的腿同侧的手掌撑地；另一侧肘弯曲成直角，贴着前屈的腿的小腿内侧尽量下压。转体，伸直弯曲的手臂并指向正上方，保持2秒后回位。双手扶地，重心后移。前屈的腿伸直并勾脚尖，上体尽量贴近前面的腿，保持2秒后恢复至起始弓步姿势；后面的腿向前与前面的腿并拢，同时起立。（见图44）

图44　"最伟大的拉伸"

（3）动作整合

动作整合是建立在肌肉经过动态拉伸后被有效拉长的基础上的，它可以帮助形成高效的动作模式，提高能量传输能力，纠正运动中的"能量泄漏"问题，发展运动员在运动中保持直线传输的能力。

动作整合的基本动作如下：

①原地踏步

勾脚尖，屈膝，抬腿至大腿与地面平行，然后快速下落。双腿交替进行。注意，抬头，挺胸，身体保持直立，腰腹部收紧。（见图45）

图45　原地踏步

②前向/后向/侧向踏步

按照原地踏步的动作要求，分别向前、向后、侧向踏步走。注意手臂与腿的配合，身体保持直立。（见图46）

图46　前向/后向/侧向踏步

③原地跳步

在踏步动作的基础上，每次在用力下蹬的同时快速地做一个小的垫步跳。（见图47）

图47　原地跳步

④前向/后向/侧向跳步

以原地跳步的动作分别向前、向后、侧向移动。注意，下蹬腿要伸

直；上体始终保持直立，不要扭转。（见图48）

图48 前向/后向/侧向跳步

（4）神经激活

神经激活训练能够在短时间内提高神经系统的兴奋性及肌体的快速伸缩复合能力，增强肌体的动态稳定性。神经激活训练的每个动作持续时间不宜过长，本书将每个动作的训练时间定为10秒。单个动作时间过长会产生不良的效果，导致神经疲劳，失去神经激活的意义和目的。

神经激活训练的具体方法如下：

①双脚原地同时快速点地

以基本功能动作的准备姿势开始，双脚脚尖同时快速点地，身体保持

稳定。（见图49）

图49　双脚原地同时快速点地

②双脚原地同时快速点地并转髋

以基本功能动作的准备姿势开始，双脚脚尖同时快速点地，身体保持稳定。在数次快速点地的过程中听口令转髋并快速回到原位。转髋时注意上体始终保持直立并朝向前方。（见图50）

图50　双脚原地同时快速点地并转髋

③双脚原地交替快速点地

以基本功能动作的准备姿势开始，双脚脚尖交替快速点地，身体保持稳定。双臂随着腿部动作自然摆动。（见图51）

图51　双脚原地交替快速点地

④双脚前向/后向/侧向交替快速点地

以基本功能动作的准备姿势开始，双脚脚尖交替快速点地并向前、向后、侧向移动，身体保持稳定。双臂随着腿部动作自然摆动。（见图52）

图52　双脚前向/后向/侧向交替快速点地

5.跳跃动作模式训练

排球项目中跳跃的动作模式包括双脚起跳、左右脚交替跳或连续跳等。在实际的比赛中，有很多无预拉伸的跳跃、有预拉伸的跳跃和助跑中的跳跃。跳跃动作与下肢的稳定性密切相关，如果没有良好的下肢运动链的稳定性，跳跃动作及后续的其他衔接技术动作就不能得到很好的完成。在训练中保持正确的跳跃及落地动作应当是排球项目身体运动功能训练的一个重要环节，需要良好的下肢稳定性作保障。

跳跃动作模式训练参照快速伸缩复合训练原理而设计，结合排球项目的专项运动特征，以保证运动员在不同状态下完成排球专项技术的过程中跳跃时落地姿态正确为最终目标。

具体的训练类型主要包括以下几种：

（1）无反向运动

以基本功能动作的准备姿势蹲好，然后向上摆臂起跳。

（2）反向运动

以站立为准备姿势，快速下蹲，再立即起跳。

（3）双接触

以站立为准备姿势，快速下蹲，做垫步后起跳或在助跑中起跳。

具体的训练方法包括以下几种：

（1）NCM-原地双脚起跳、双脚落地

以基本功能动作的准备姿势蹲好，然后双臂向上摆动，垂直向上完成纵跳，落地时保持基本功能动作。（见图53）

图53　NCM–原地双脚起跳、双脚落地

（2）NCM–原地双脚起跳、单脚落地

以基本功能动作的准备姿势蹲好，然后双臂向上摆动，垂直向上完成纵跳，落地时保持基本功能动作且单脚着地。（见图54）

图54　NCM–原地双脚起跳、单脚落地

（3）NCM–原地单脚起跳、单脚落地

以基本功能动作的准备姿势蹲好，单脚着地。然后双臂向上摆动，垂

直向上完成纵跳，落地时保持基本功能动作且仍然是该脚着地。（见图55）

图55 NCM-原地单脚起跳、单脚落地

（4）NCM-正向/侧向双脚起跳、双脚落地

以基本功能动作的准备姿势蹲好，然后双臂向上摆动，在向前、侧向移动时保持身体垂直向上完成纵跳，落地时保持基本功能动作。（见图56）

图56 NCM-正向/侧向双脚起跳、双脚落地

（5）NCM-正向/侧向单脚起跳、单脚落地

以基本功能动作的准备姿势蹲好，单脚着地。在向前、侧向移动时保持身体垂直向上完成纵跳。落地时保持基本功能动作且仍然是该脚着地。（见图57）

图57　NCM-正向/侧向单脚起跳、单脚落地

（6）CM-原地双脚起跳、双脚落地

双脚分立，与肩同宽。以基本功能动作下蹲，然后双臂向上摆动，垂直完成纵跳。落地时保持基本功能动作，恢复站立姿势。（见图58）

图58　CM-原地双脚起跳、双脚落地

（7）CM–原地双脚起跳、单脚落地

双脚分立，与肩同宽。以基本功能动作下蹲，然后双臂向上摆动，垂直完成纵跳。落地时保持基本功能动作且单脚着地，恢复站立姿势。（见图59）

图59　CM–原地双脚起跳、单脚落地

（8）CM–原地单脚起跳、单脚落地

以单脚站立为起始姿势。以基本功能动作单脚下蹲，然后双臂向上摆动，垂直完成纵跳。落地时保持基本功能动作且仍然是该脚着地，恢复单脚站立姿势。（见图60）

图60　CM–原地单脚起跳、单脚落地

（9）CM-正向/侧向双脚起跳、双脚落地

双脚分立，与肩同宽。以基本功能动作下蹲后快速向上摆臂，并向前或侧方纵跳。在纵跳的过程中，身体要保持直立，不要扭转。落地时保持基本功能动作，恢复站立姿势。（见图61）

图61　CM-正向/侧向双脚起跳、双脚落地

（10）CM-正向/侧向单脚起跳、单脚落地

以单脚站立为起始姿势，以基本功能动作单脚下蹲，然后双臂向上摆动，垂直完成纵跳，同时向前或侧方纵跳。在纵跳的过程中，身体要保持直立，不要扭转。落地时保持基本功能动作且仍然是该脚着地，恢复单脚站立姿势。（见图62）

图62　CM–正向/侧向单脚起跳、单脚落地

（11）DC–原地双脚起跳、双脚落地

保持站立姿势，迅速下蹲垫步后垂直纵跳。落地时保持基本功能动作，恢复站立姿势。（见图63）

图63　DC–原地双脚起跳、双脚落地

（12）DC–原地双脚起跳、单脚落地

保持站立姿势，迅速下蹲垫步后垂直纵跳，单脚落地。落地时注意缓冲，保持基本功能动作，恢复站立姿势。（见图64）

图64 DC-原地双脚起跳、单脚落地

6. 再生与恢复

恢复再生训练也是一种训练课。课程不仅要包括一些按摩手法，还应包括训练后的营养补充、水疗和有计划的拉伸。在本书的训练课安排里，再生与恢复主要涉及以下两部分内容：自我筋膜放松和静态拉伸。

（1）自我筋膜放松

自我筋膜放松是最近几年被广泛认可、研究的一种放松训练方式，它是将运动员自身体重与泡沫轴、TP球相互作用产生的压力施加于自身肌肉、筋膜等软组织上，放松过于紧张的肌肉及筋膜，以保持良好的肌肉长度并增加关节运动度。因此，无论是在私教健身俱乐部还是在高水平的国家队，都能见到相关的器材及应用。在我国国家队的日常训练中，自我筋膜放松占有重要的地位，也是运动员最喜欢的放松方式之一。

器材：泡沫轴、TP球

目的：针对背部、下腰部、臀部、大腿和小腿肌群进行自我筋膜放松

部位：梨状肌及臀部肌群

一条腿抬起，盘于支撑腿之上；双手后撑坐在泡沫轴或TP球上。保持核心部位收紧，在缓慢滚动的过程中要保持正常呼吸。（见图65）

图65 梨状肌及臀部肌群筋膜放松

部位：髂胫束

以肘撑地侧卧在垫上。上腿弯曲，支撑身体；下腿伸直。使泡沫轴位于下腿外侧，自髂骨起至膝关节止，缓慢滚动。保持核心部位收紧，在缓慢滚动的过程中要保持正常呼吸。（见图66）

图66 髂胫束筋膜放松

部位：背阔肌

仰卧在泡沫轴上，使泡沫轴位于背阔肌下方并缓慢滚动。保持核心部位收紧；在缓慢滚动的过程中要保持正常呼吸，不要憋气。（见图67）

图67 背阔肌筋膜放松

部位：臀大肌

双膝弯曲坐在泡沫轴或TP球上，缓慢地小范围滚动。保持核心部位收紧；在缓慢滚动的过程中要保持正常呼吸，不要憋气。（见图68）

图68 臀大肌筋膜放松

部位：腘绳肌

双腿伸直坐在垫上，泡沫轴位于大腿后侧，使泡沫轴在臀部及膝关节之间缓慢地滚动。可在疼痛部位停留20—30秒，直至疼痛感觉明显减轻。保持核心部位收紧；在缓慢滚动的过程中要保持正常呼吸，不要憋气。（见图69）

图69　腘绳肌筋膜放松

部位：腓肠肌、比目鱼肌

双腿伸直坐在垫上，然后双腿交叉。将泡沫轴或TP球放于小腿后侧缓慢地来回做小范围滚动。保持核心部位收紧；在缓慢滚动的过程中要保持正常呼吸，不要憋气。（见图70）

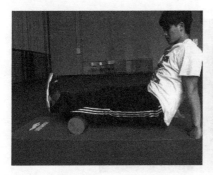

图70　腓肠肌、比目鱼肌筋膜放松

部位：股四头肌

俯卧在垫上，肘撑地面。使泡沫轴位于大腿前侧下方，在髂骨与膝关节之间缓慢地滚动。保持核心部位收紧；在缓慢滚动的过程中要保持正常呼吸，不要憋气。（见图71）

图71　股四头肌筋膜放松

部位：阔筋膜张肌

侧卧在垫上，使泡沫轴或TP球位于髂前上棘下方，在髋骨外侧缓慢地滚动。保持核心部位收紧；在缓慢滚动的过程中要保持正常呼吸，不要憋气。（见图72）

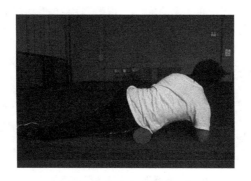

图72　阔筋膜张肌筋膜放松

部位：髋内内收肌群

俯卧在泡沫轴上，使泡沫轴在大腿内侧下方髋关节及膝关节之间缓慢地滚动。保持核心部位收紧；在缓慢滚动的过程中要保持正常呼吸，不要憋气。（见图73）

图73　髋内内收肌群筋膜放松

部位：胫骨前肌

将泡沫轴放于一条腿小腿前外侧，另一条腿弯曲位于该条腿小腿上方（增大压力），使泡沫轴在膝关节及踝关节之间缓慢地滚动。保持核心部位收紧；在缓慢滚动的过程中要保持正常呼吸，不要憋气。（见图74）

图74　胫骨前肌筋膜放松

部位：下背部肌群

仰卧在泡沫轴或双TP球上，双臂外展且双膝微屈，使泡沫轴或双TP球在腰椎范围内缓慢地滚动。保持核心部位收紧；在缓慢滚动的过程中要保持正常呼吸，不要憋气。（见图75）

图75　下背部肌群筋膜放松

（2）静态拉伸

运动员可根据自身情况和需要，对身体不同部位进行静态拉伸。以下是适用于排球运动员腰背部及下肢的拉伸动作：

①髋关节主动拉伸练习

坐在垫上，左腿在前并屈膝90°，右腿向后伸直。上体保持直立，向前缓慢靠近左腿至最大限度，保持3—5秒后双腿交换。（见图76）

图76　髋关节主动拉伸练习

②股四头肌主动拉伸练习

以右腿为例。坐在垫上；左腿向前伸直，右腿折叠，使脚背贴地，脚跟紧贴臀部；上体直立，双手撑在体后。上体缓慢地后倾，直至躺在垫上，自然呼吸，保持5—10秒后换腿。（见图77）

图77　股四头肌主动拉伸练习

③腘绳肌主动拉伸练习

分腿站立，双腿伸直。上体前倾；双手抓住踝关节处，使胸部尽可能地贴近大腿。先贴近一侧腿，保持5秒后换腿。（见图78）

图78　腘绳肌主动拉伸练习

④大腿内收肌主动拉伸练习

坐在垫上，双膝分开，双脚脚脚掌相对并贴紧。缓慢地下压上体，使胸部尽可能地贴近双脚，到达最低点后保持5—10秒。（见图79）

图79　大腿内收肌主动拉伸练习

⑤大腿外侧主动拉伸练习

以右腿为例。坐在垫上，左腿盘在臀下，使左脚在臀部右侧，右脚脚掌在臀部左侧踩地。左肘将右膝向左侧推，同时转体；右手撑在体后，眼睛向身体后方看。保持5—10秒后换腿。（见图80）

图80　大腿外侧主动拉伸练习

⑥小腿后群肌主动拉伸练习

以右腿为例。面对着墙站立，双手扶墙。左腿支撑；右腿勾脚尖，前脚掌蹬在墙上。身体略微前倾，拉伸小腿。（见图81）

图81　小腿后群肌主动拉伸练习

⑦小腿前群肌主动拉伸练习

跪坐在垫上，双膝并拢。双手撑在身体两侧，使双膝略微上抬，小腿前群肌有被拉伸的感觉。（见图82）

图82　小腿前群肌主动拉伸练习

⑧腹部肌肉主动拉伸练习

俯卧在垫上，双臂撑起上体，双手放在身体两侧，并尽量将上体后仰。（见图83）

图83　腹部肌肉主动拉伸练习

⑨下背部肌肉主动拉伸练习

跪坐在垫上，俯身，双手尽量前伸，保持3—5秒。左手不动，右手越过左手尽量向左缓慢地移动，牵拉右侧肌肉。保持几秒后换左手重复以上动作。（见图84）

图84　下背部肌肉主动拉伸练习

⑩躯干旋转肌群主动拉伸练习

仰卧在垫上，双手侧平展，眼睛向右手指尖方向看。双腿并拢、弯曲，尽量向左侧地面靠近，拉伸右侧肌肉。保持3秒后换方向。（见图85）

图85　躯干旋转肌群主动拉伸练习

（二）训练方案实证研究结果分析

1. 本体感觉测试结果统计与分析

表23　实验组与常规组本体感觉测试结果

	$\overline{X} \pm S$	实验组	常规组	$P_{实常}$
优势侧主动30°	实验前	3.71 ± 0.629	3.39 ± 0.720	0.223
	实验后	3.75 ± 0.701	3.46 ± 0.838	0.270
	$P_{前后}$	0.342	0.085	
非优势侧主动30°	实验前	3.16 ± 1.149	3.39 ± 0.658	0.317
	实验后	3.23 ± 1.203	3.50 ± 0.626	0.292
	$P_{前后}$	0.241	0.099	

$\overline{X} \pm S$		实验组	常规组	$P_{实常}$
优势侧被动60°	实验前	3.75 ± 0.637	3.76 ± 0.655	0.489
	实验后	2.83 ± 0.835	3.88 ± 0.669	0.009
	$P_{前后}$	0.025	0.167	
非优势侧被动60°	实验前	4.09 ± 0.559	4.01 ± 0.898	0.425
	实验后	3.43 ± 0.430	4.25 ± 0.721	0.003
	$P_{前后}$	0.030	0.083	

　　由表23可见，在实验前，将实验组和常规组的各项测试指标进行同项对比可发现，二者没有显著性差异（$P>0.05$，$P_{实常}$分别为0.223、0.317、0.489、0.425）。经过8周的训练后，膝关节空间位置觉主动30°的训练结果并没有显著性差异（$P>0.05$，$P_{前后}$分别为0.342、0.241），这说明8周训练方案对改善膝关节空间位置觉主动30°没有太明显的效果，可能是因为膝关节空间位置觉主动30°在测试过程中受较多的肌肉力量影响。

　　通过对比训练前后膝关节空间位置觉被动60°的测试结果发现，常规组的测试结果并没有显著性差异，而实验组出现了非常显著的差异（$P<0.01$，$P_{前后}$分别为0.025、0.030）。这一结果表明训练方案对改善膝关节本体感觉能力效果显著。同时由表23可见，实验后在"膝关节空间位置觉被动60°"这一指标上，不论是优势侧还是非优势侧，实验组的结果与常规组相比都出现了非常显著的差异（$P<0.01$）。这进一步证实了8周训练方案对膝关节的本体感觉产生了显著作用。

　　在8周训练方案安排中，本体感觉训练主要采用的是下肢站在平衡盘上，在这种不稳定的状态下进行功能动作训练，并进行专项有球动作练习，训练还是以强调正确的功能动作模式、尽力保持支撑腿平衡和身体稳定为首要任务。

2. 肌肉力量测试结果统计与分析

表24　实验组与常规组等速肌力测试结果

$\overline{X} \pm S$		实验组	常规组	$P_{实常}$
优势侧屈伸肌峰力距比率	实验前	53.240 ± 9.829	56.550 ± 4.461	0.217
	实验后	64.710 ± 3.903	48.510 ± 3.770	<0.010
	$P_{前后}$	<0.010	<0.010	
双侧伸肌峰力矩差值	实验前	11.140 ± 7.905	8.800 ± 4.493	0.248
	实验后	6.880 ± 2.920	13.650 ± 5.685	0.010
	$P_{前后}$	0.097	<0.010	
双侧屈肌峰力矩差值	实验前	11.080 ± 6.757	15.160 ± 8.077	0.146
	实验后	6.260 ± 6.688	18.340 ± 14.961	0.032
	$P_{前后}$	0.052	0.292	

等速肌力测试指标采用的是膝关节60°优势侧屈伸肌峰力矩比率、左侧与右侧（双侧）伸肌峰力矩差值、左侧与右侧（双侧）屈肌峰力矩差值。由表24可见，在进行训练实验前，两组的各项指标测试结果均没有显著性差异。

在经过8周的训练后，实验组和常规组的膝关节60°优势侧屈伸肌比率测试结果与实验前相比出现了非常显著的差异（$P<0.010$），实验后两组也出现了非常显著的差异（$P<0.010$）。但是具体分析两组的数据，实验前两组的平均值均小于60%（实验组53.240±9.829，常规组56.550±4.461），而在实验后，实验组的测试数据平均值明显大于60%（64.710±3.903），常规组则明显小于60%（48.510±3.770）。对于膝关节60°优势侧屈伸肌峰力矩比率这一测试指标，一般人在50%—60%，高水平运动员大于60%比较理想，优秀运动员可达66%以上。从测试结果分析来看，采用传统力量训练方法的常规训练组在实验后，测试数据不升反降，并且下降得比较明显（$P<0.010$），而采用了训练方案的实验组的测试效果有明显的改善。这说明训练方案对纠正伸肌群和屈肌群的肌力不平衡具有良好的效果。同时，常规训练组数据的下降变化也说明在8周的传统训练中，下肢肌肉力量训练的计划安排没有合理兼顾屈伸肌群比例，造成了运动员弱肌群更弱、强肌群更强这一竞技体育中常见的力量训练不良后果的出现。

实验后，实验组双侧伸肌峰力矩差值测试结果与实验前没有显著性差异（$P=0.097$），常规训练组的该项测试结果与实验前相比表现出非常显著的差异（$P<0.010$），两组之间也存在显著性差异（$P<0.050$）。具体分析各组的测试数据发现，常规组的测试值有明显的上升（实验前8.800±4.493，实验后13.650±5.685 >10%），实验组则出现了明显的下降（实验前11.140±7.905>10%，实验后6.880±2.920<10%）。等速测试标准中，运动员双膝关节等速60°屈肌群峰力矩差值、伸肌群峰力矩差值分别应在10%以内，普通人群以上两个指标数值可在20%以内，未达到上述标准时容易引发膝关节周围肌肉和韧带的损伤。有针对性的训练可使差值趋向正常化。由以上数据可见，实验组在实验后，受试队员的测试值均在10%以下，常规组则大部分在10%以上。这说明常规组接受传统的

下肢力量训练，有可能出现了过度追求肌肉训练的效果而不注重肌力的平衡发展的问题，从而增加了自身关节、肌肉损伤的可能性。正是因为实验组在8周的训练中采用了较多的纠正不良功能动作模式的训练，才在不损失肌力的同时减少了关节、肌肉受伤的可能性。实验后，实验组和常规组的双侧屈肌峰力矩差值测试结果也证明了这一点，与他们自身实验前的测试结果相比均没有显著性差异（$P>0.050$），但是在实验后将两组进行对比，二者则出现了显著性差异（$P=0.032<0.050$）。实验组的测试结果由实验前的 11.080 ± 6.757 降到了实验后的 6.260 ± 6.688，常规组的测试结果由实验前的 15.160 ± 8.077 升到了实验后的 18.340 ± 14.961，这样常规组队员肌肉关节损伤的可能性加大。此项测试结果同样证明在排球运动员下肢训练中，除了应关注传统的力量训练，还应关注双侧下肢肌力的均衡、对称发展，这与下肢关节的稳定性密切相关。

3. 核心力量及稳定性测试结果统计与分析

表25　实验组与常规组核心测试结果

	$\overline{X} \pm S$	实验组	常规组	$P_{实常}$
1分钟仰卧起坐	实验前	64.630 ± 5.605	64.750 ± 5.776	0.483
	实验后	66.880 ± 5.915	64.130 ± 5.302	0.188
	P	<0.010	0.070	
左侧抛实心球	实验前	19.350 ± 1.811	16.810 ± 2.335	0.051
	实验后	21.760 ± 2.004	16.860 ± 2.076	<0.010
	P	<0.010	0.398	
右侧抛实心球	实验前	20.810 ± 2.194	18.210 ± 2.507	0.060

	$\overline{X} \pm S$	实验组	常规组	$P_{实常}$
	实验后	22.110 ± 1.862	18.290 ± 2.212	<0.010
	P	<0.010	0.335	
$P_{左右}$	实验前	<0.010	<0.010	
	实验后	0.072	<0.010	

表25显示，经过8周的训练，实验组所有测试项目的成绩与实验前相比，都有非常显著的差异（P <0.010），这说明8周的训练对实验组产生了明显的效果，而常规组的测试成绩前后并没有显著性差异。

有研究表明，1分钟仰卧起坐和侧抛实心球这两个测试的成绩与男子沙排运动员的下肢移动能力具有显著相关性。实验前实验组和常规组核心动态测试的成绩均没有显著性差异，但是测试结果统计显示两组队员的右侧抛实心球成绩都好于左侧，且测试成绩都存在显著性差异，这一结果与国家队测试的统计结果相同。同时在对两支队伍进行侧桥训练的过程中也发现了运动员一侧支撑时间长、双侧支撑能力相差较多的现象。说明对于男子排球运动员，双侧侧桥的支撑时间明显不同的现象不仅存在于高水平队伍中，也存在于普通高校队伍中，这或许说明排球项目的专项训练和专项需求会在一定程度上造成躯干核心肌群双侧静态收缩肌力不均衡，这种现象与运动员的优势侧及运动项目特征有关。

通过统计学分析发现，常规组在实验前双侧侧抛实心球成绩存在的左侧、右侧的显著性差异在实验后仍然存在，而实验组的差异已经没有。这说明常规组采用的常规训练并没有改善运动员双侧核心肌群肌力不均衡的问题。

　　1分钟仰卧起坐的目的主要是评价运动员矢状面核心肌群向心收缩的耐力。表25显示，经过8周的训练，实验组与常规组1分钟仰卧起坐的成绩并没有显著性差异，但是对比实验组训练前后的成绩，发现其自身训练前后的成绩有非常显著的差异。分析认为，在日常力量训练中，腰腹力量的训练对1分钟仰卧起坐成绩的影响要大于核心训练，两组在力量房进行力量训练的内容安排是一样的，因此两组并无差异。这也证明了训练方案中的核心训练对改善核心肌群向心收缩的耐力同样具有重要作用，只是贡献比例不如腰腹力量训练。

　　侧抛实心球测试主要用于评价水平面核心肌群前部和回旋核心肌群的爆发力。实验前两组没有显著性差异，但是在实验后发现，常规组的前后成绩并无差别，实验组的成绩却有了明显的提高。进一步分析两个组双侧侧抛实心球的成绩可以发现，实验组的左侧侧抛实心球成绩与右侧相比没有显著性差异，而常规组的双侧侧抛实心球成绩仍然存在显著性差异。

　　在8周的身体运动功能训练中，并没有安排专门的核心肌群向心收缩耐力训练，也没有安排核心肌群旋转爆发力的练习，两项测试成绩却有明显的提高，实验组原来存在的双侧核心肌群发展不平衡的问题得到了有效改善。究其原因，常规组在进行腰腹力量训练的过程中过于强调专项化，没有过多地关注左右、前后肌群的对称发展，因此队员们腰伤发生率偏高，造成核心区肌群在训练中出现代偿动作，也导致了髋关节和下肢运动出现代偿动作。8周的身体运动功能训练安排了一部分平衡、对称发展肌群的练习，例如通过软组织唤醒和恢复与再生练习帮助紧张的组织放松和从疲劳中恢复。核心训练通过变化难度来增加强度，以实现对核心肌群力量和稳定性的加强。这些练习有助于减轻运动员的伤病并预防损伤，因此可以间接地使这两项的测试成绩得到提高。也就是说，身体运动功能训练通过改善肌群发展的不均衡，达到预防伤病的直接目的，同时达到协调整体肌群协同用力的间接目的，从而用较少的能量获得同样甚至更好的竞技能力。核心肌群肌力发展均衡，会有效提高运动员在快速移动的过程中控制髋关节的能力，从而使其在运动中有效提高控制整个下肢的能力，进而提高下肢关节在运动中的稳定性。

4. 功能性动作筛查（FMS）结果统计与分析

表 26　实验组与常规组 FMS 得分比较

$\overline{X} \pm S$	实验组	常规组	$P_{组间}$
实验前平均分	12.500 ± 2.330	16.250 ± 1.282	<0.010
实验后平均分	15.750 ± 0.886	16.000 ± 0.926	0.282
$P_{前后}$	<0.010	0.282	

与实验组球员相比，常规组球员的 FMS 得分在实验前有非常显著的差异（见表26）。这表明在分组时，常规组的功能性失常情况要比实验组好很多。但是在进行了8周的实验训练后，再次进行功能动作筛查，两组的得分没有显著性差异。实验组球员的测试得分均有了不同程度的显著提高，没有任何球员的得分小于或等于14分。这说明，经过设计的身体运动功能性训练后，球员整体的功能动作模式有了改善，下肢双侧不对称的动作得到了部分纠正。在对常规训练组进行测试的过程中发现，有的运动员的得分不仅没有保持在原来的水平，甚至还有明显的下降，这或许与传统力量训练计划更关注运动员的专项力量而忽略肌肉群的对称发展、运动员在训练后较少关注肌肉的足量放松和恢复再生训练有关。在训练观察中发现，在过多的专项力量训练之后没有进行合理的恢复和放松也是可能

造成这一后果的原因之一。同时，在实验的后期，有较多实验组的队员反映身体原有的伤痛问题有了明显改善，例如下腰部疼痛、膝关节内侧疼痛等。这与训练方案中安排的大量的拉伸和再生练习有密切的关系。疼痛的减轻除了有利于减缓、预防运动员运动伤病的出现，还为队员完成训练课和有难度的技术动作提供了信心。

（三）小结

1.以身体运动功能训练体系为基础，结合排球项目的特征和专项技术动作模式，总结、整理出一套适合排球运动员采用的针对下肢关节稳定性的训练方法体系。实验后测试指标数据显示，8周的训练方案使实验组产生了良好的实验效果，主要表现在身体功能动作的平衡、对称，肌肉功能表现的协调对称上。

2.实验训练组的本体感觉测试结果显示，膝关节主动30°空间位置觉的训练情况前后没有显著性差异。这说明8周的训练方案对改善膝关节主动30°空间位置觉没有太大的效果，可能是因为膝关节主动30°空间位置觉在测试过程中受较多肌肉力量影响。

通过对比训练前后膝关节被动60°空间位置觉的测试结果发现，常规组的测试结果并没有显著性差异，而实验组出现了非常显著的差异（$P<0.010$）。同时对比实验后两组的各项测试数据，在"膝关节被动60°空间位置觉"这一指标上，不论是优势侧还是非优势侧，实验组的结果与常规组相比都出现了非常显著的差异（$P<0.010$）。这进一步证实了8周训练方案对膝关节的本体感觉产生了显著的作用。

3.经过8周的训练，实验组和常规组的膝关节60°优势侧屈伸肌比率测试结果显示，实验前两组的平均值均小于60%，而在实验后，实验组的测试数据平均值明显大于60%，常规组则明显小于60%。从测试结果来看，采用传统力量训练方法的常规训练组在实验后测试数据下降得比较明显（$P<0.010$），而采用了训练方案的实验组的测试结果有了明显的改善。

实验后，实验组双侧伸肌峰力矩差值测试结果与实验前相比没有显著性差异，常规组的该项测试结果与实验前相比出现了非常显著的差异（$P<0.010$），两组之间也存在显著性差异（$P<0.050$）。具体分析各组的测试数据发现，常规组的测试值有明显的不良变化，实验组则出现了明显的好转。

实验后，实验组和常规组双侧屈肌峰力矩差值测试结果与他们自身在实验前的测试结果相比均没有显著性差异（$P>0.050$），但是在实验后对两组进行对比，二者则出现了显著性差异（$P<0.050$）。

4.实验组和常规组的1分钟仰卧起坐测试成绩在训练实验前后均没有显著性差异，但是实验组自身训练前后成绩有非常显著的差异。证明训练方案中的核心训练对改善核心肌群向心收缩的耐力同样具有重要的作用，只是贡献比例不如腰腹力量训练。

在侧抛实心球的成绩上，实验组与常规组相比，由实验前的无差异转变为实验后的有显著性差异。实验组的实验前后测试结果有显著性差异，常规组则没有。实验前在两组都存在的左、右侧成绩有显著性差异的现象，实验后在常规组仍然存在，实验组则不再有。

身体运动功能训练通过安排部分平衡、对称发展肌群的练习改善肌群发展的不均衡，达到预防伤病的直接目的及协调整体肌群协同用力的间接目的，能有效提高运动员在快速移动过程中控制髋关节的能力，从而使其在运动中有效提高控制整个下肢的能力，进而提高下肢关节在运动中的稳定性。

实验前对比实验组与常规组两组队员侧抛实心球的测试结果，统计显示两组受试者的右侧抛实心球成绩都要好于左侧，这样的测试结果也与国家队的测试结果相符。

5.实验组的功能性动作筛查（FMS）结果显示，经过8周的训练，受试者的成绩均有明显的提高，且没有一位受试者的得分低于14分，与常规组的测试成绩相比具有显著性差异。这说明，经过设计的身体运动功能性训练后，球员整体的功能动作模式有了改善，下肢双侧不对称的动作得到了部分纠正。

第五章　研究结论与展望

一、研究结论

通过对优秀男排运动员的下肢三关节稳定性关联指标进行专家问卷指标筛选、因子分析、变异系数和相关分析，获得具有敏感性、可操作性的评价指标共4类，8个二级指标，包括等速肌力指标膝关节60°屈伸肌比率[优势侧LK（E/F）、非优势侧RK（E/F）]、膝关节60°双侧伸肌群差值KF（L–R）、膝关节60°双侧屈肌群差值KE（L–R），本体感觉指标膝关节主动30°空间位置觉（优势侧、非优势侧）、膝关节被动60°空间位置觉（优势侧、非优势侧），核心力量指标1分钟仰卧起坐、侧抛实心球（左侧、右侧），FMS。

将身体运动功能训练理念与排球项目特征和专项技术动作模式结合，总结并整理出一套适合排球运动员采用的针对下肢关节稳定性的训练方法。该体系内容按照训练顺序进行，包括软组织唤醒、本体感觉训练、核心训练、动作准备（包括臀大肌激活、动态拉伸、动作整合、神经激活）、跳跃动作模式训练、再生和恢复。

在对北京航空航天大学男子排球队进行分组实验后，通过对比训练后实验组和常规组敏感性指标的测试数据，进行统计学分析，证明训练中采用的身体运动功能训练体系对改善运动员下肢关节屈肌群与伸肌群不对称、优势侧与非优势侧的功能动作不对称有明显的积极作用。

二、研究展望

在本书的研究中，测试指标的筛选类型基本涵盖了所有可能影响运动员下肢关节稳定性的因素，测试过程基于没有影响参加测试的运动员的正常训练及比赛的伤病。而针对伤后和术后康复的运动员的下肢稳定性评价，本研究的指标体系是否适用，还需进一步深入研究。

限于研究对象的实际情况和赛期安排，训练方案的制定未能介入所有的身体训练。虽然未有证据表明绝对肌力指标对下肢关节稳定性有显著的影响，但是从训练计划的安排和研究的科学性、严谨性上看，应当对所有的身体训练，包括力量训练、速度训练等都进行系统研究。这也是今后可以深入研究的方向。

参 考 文 献

[1] 徐利，钟秉枢.科学发展观视野下的排球运动科学探蹊[M].北京：北京体育大学出版社，2011.

[2] 葛春林.最新排球训练理论与实践[M].北京：北京体育大学出版社，2003.

[3] 国家体育总局.中国体育教练员岗位培训教材[M].北京：人民体育出版社，1999：188.

[4] 张克仁，陈学华，浦淑琴.排球与身体素质[J].南京体育学院学报，1995（2）：71-73.

[5] 张欣.排球运动员身体素质训练的特点[J].中国排球，2003（1）：39.

[6] 文静，王震，高从本.排球运动员专项身体素质指标的聚类及量化研究[J].湖北体育科技.2003（4）：482-485.

[7] 金宗强.我国优秀排球运动员专项体能评价体系与诊断方法的研究[D].北京：北京体育大学，2004.

[8] 董榴英.从身体素质转移规律谈排球队员的力量与速度的转移性训练[J].上饶师专学报，1995（5）：95.

[9] 国家体育总局.中国体育教练员岗位培训教材[M].北京：人民体育出版社，1999：220.

[10] 胡声宇.运动解剖学[M].北京：人民体育出版社，2000.

[11] Bahr R，Bahr I A. Incidence of Acute Volleyball Injuries：A Prospective Cohort Study of Injury Mechanisms and Risk Factors[J]. Scandinavian Journal of Medicine & Science in Sports，2007（1）.

[12] Morrison K E，Kaminski T W. Foot Characteristics in Association with Inversion Ankle Injury [J]. Athl Train，2007（1）：135-142.

[13] 杨时.功能性训练在康复体能训练中的应用[J].体育科研，2012（4）：86-88.

[14] Horak F B，Macpherson. Postural Orientation and Equilibrium[C]// Brown L B，Shepherdson J T. Handbook of Physiology：A Critical Comprehensive Presentation of Physiological Knowledge and Concepts. Oxford：Oxford University Press，1996.

[15] Carr J，Shepherd R. Movement Science[M]. Gaithersburg：MD Publishers Inc，2000.

[16] Feldman A G. Once More on the Equilibrium-point Hypothesis（λ Model）for Motor Control [J]. Journal of Motor Behaviour，1986（1）：17-54.

[17] Bizzi E，Hogan N，et al. Does the Nervous System Use Equilibrium-point Control to Guide Single and Multiple Joint Movements? [J]. Behavior Brain Science，1992（4）：603-613.

[18] Schmidt R，Benesch S，Friemert B，et al. Anatomical Repair of Lateral Ligaments in Patients with Chronic Ankle Instability[J]. Knee Surgery，Sports Traumatology，Arthroscopy，2005（13）：231-237.

[19] Aydog S T，Korkusuz P，Doral M N，et al. Decrease in the Numbers of Mechanoreceptors in Rabbit ACL：the Effects of Ageing[J]. Knee Surgery，

Sports Traumatology, Arthroscopy, 2006（14）: 325-329.

[20] Tsang W W, Lee K Y, Fu A S. Effects of Concurrent Cognitive Task on Pre-landing Muscle Response Latency during Stepping down Activity in Older Adults with and without A History of Falls. Disabil Rehabil, 2008（15）: 1116-1122.

[21] Fremerey R W, Lobenhoffer P, Born I, et al.Can Knee Joint Proprioception by Reconstruction of the Anterior Cruciate Ligament Be Restored ? A Prospective Longitudinal Study[J]. Der Unfallchirurg, 1998（9）: 697-703.

[22] Fischer Rasmussen T, Jensen P E. Proprioceptive Sensitivity and Performance in Anterior Cruciate Ligament-deficient Knee Joints[J]. Scandinavian Journal of Medicine & Science in Sports, 2000（2）: 85-89.

[23] Rozzi S L, Lephart S M, Gear W S, et al. Knee Joint Laxity and Neuromuscular Characteristics of Male and Female Soccer and Basketball Players[J]. The American Journal of Sports. Medicine, 1999（3）: 312-319.

[24] Friden T, Roberts D, Zatterstrom R, et al. Proprioceptive Defects after An Anterior Cruciate Ligament Rupture: the Relation to Associated Anatomical Lesions and Subjective Knee Function[J]. Knee Surgery, Sports Traumatology, Arthroscopy, 1999（4）: 226-231.

[25] Grigg P. Peripheral-neural mechanisms in proprioception[J]. Sport Rehab, 1994（1）: 2-17.

[26] Tyldesling B, Greve J. Muscles, Nerves and Movement: Kinesiology in Daily Living[M]. Boston: Blackwell Scientific Publications, 1989.

[27] Jerosch J, Prymka M. Proprioception and Joint Stability[J]. Knee

Surgery, Sports Traumatology, Arthroscopy, 1996（3）: 171-179.

[28] Nyland J A, Caborn D N, Johnson D L. The Human Glenohumeral Joint Aproprioception and Stability Alliance[J]. Knee Surgery, Sports Traumatology, Arthroscopy, 1998（1）.

[29] Lofvenberg R, Karrholm J, Sundelin G. Proprioceptive Reaction in the Healthy and Chronically Unstable Ankle Joint[J]. Sportverletzung Sportschaden: Organ der Gesellschaft fur Orthopadisch-Traumatologische Sportmedizin, 1996（4）: 79-83.

[30] Gross M T: Effects of Recurrent Lateral Ankle Sprains on Active and Passive Judgment of Joint Position[J]. Phys Ther, 1987（10）: 1505-1509.

[31] Michelle M, Porter A A, Vandervoort. Standing Strength Training of the Ankle Plantar and Dorsiflexors in Older Women, Using Concentric and Eccentric Contractions[J]. Eur J Appl Physiol, 1997（76）: 62-68.

[32] Paul G L. Reliability of Isometric and Isokinetic Evaluations of Ankle Dorsi/Plantar Strength among Older Adults[J]. Isokinetics and Exercise Science, 1997（4）: 157-162.

[33] Hertel J. Functional Anatomy, Pathomechanics and Pathophysiology of Lateral Ankle Instability[J]. Journal of Athletic Training, 2003（4）: 364-375.

[34] Pontaga I. Ankle Joint Evertor-invertor Muscle Torque Ratio Decrease Due to Recurrent Lateral Ligament Sprains[J]. Clinical Biomechanics, 2004（19）: 760-762.

[35] Munn J, Beard D J, Refshauge Kical M, et al. Eccentric Muscle Strength in Functional Ankle Instability[J]. Med Sci Sports Exerc, 2003（2）: 245-250.

[36] Fox J, Docherty C L, Schrader J, et al. Eccentric Plantar-flexor Torque Deficits in Participants with Functional Ankle Instability[J]. Athl Train, 2008（1）: 51-54.

[37] Hertel J. Sensorimotor Deficits with Ankle Sprains and Chronic Ankle Instability [J]. Clnics in Sports Med, 2008（3）: 353-370.

[38] 杨时, 俞旗, 林勇.膝关节本体感觉重建与关节稳定性研究进展[J].现代康复, 2001（12）: 54-55.

[39] Putnam C A. Sequential Motions of Body Segments in Striking and Throwing Skills [J]. Biomechanics, 1993（26）: 125-135.

[40] 高峰.青少年跳水运动员核心力量、稳定性评价与训练的研究[J].南京体育学院学报（自然科学版）, 2013（2）: 58-61.

[41] 王峰, 曾雁.排球运动员核心力量的训练原理探析[J].才智, 2009（7）.

[42] 张蕲, 陈俊宁, 杨佩君, 等.人体平衡功能定量测评[J].中国康复, 1998（2）: 49-52.

[43] 李文彬, 门高利, 王德明.人体平衡功能测试系统研究进展[J].人类工效学, 2000（3）: 46-50.

[44] 陈海霞, 宁宁.人体平衡功能评定研究的最新进展[J].现代护理, 2006（23）: 2173-2175.

[45] Bressel E, Yonker J C, Kras J, et al. Comparison of Static and Dynamic Balance in Female Collegiate Soccer, Basketball and Gymnastics Athletes [J]. Journal of Athletic Training, 2007（1）: 42-46.

[46] Lexandt S P, Brain R D, Philip J R. What is balance? [J] . Clin Rehabil, 2000（14）: 402-406.

[47] 陈世益，占飞.功能性关节不稳与本体感觉重建[J].引进国外医药技术与设备，2000（2）：25-30.

[48] Sherrington C S. The Integrative Action of the Nervous System[M]. New York：C Scribner's Sons，1906.

[49] Thomas C L. Taber's Cyclopedic Medical Dictionary[M]. Philadelphia：F.A. Davis Company，1985.

[50] Lephart S M，Pincivero D M，Giraido J L，Fu F H. The Role of Proprioception in the Management and Rehabilitation of Athletic Injuries[J]. Am J Sports Med, 1997（25）：130-137.

[51] Roberts D，Fridén T，Stomberg A，Lindstrand A，Moritz U.Bilateral Proprioceptive Defects in Patients with A Unilateral Anterior Cruciate Ligament Reconstruction：A Comparison between Patients and Healthy Individuals [J]. J Orthop Res，2000（4）：565-571.

[52] Corrigan J P，Cashman W F，Brady M P. Proprioception in the Cruciate Deficient Knee[J]. The Journal of Bone and Joint Surgery（British Volume），1992（74）：247-250.

[53] Barry C Stillman，Joan M Mcmeeken. The Role of Weight Bearing in the Clinical Assessment of Knee Joint Position Sense[J]. Australian Journal of Physiotherapy，2001（47）：247-253.

[54] Jerosch J，Prymka M. Knee Joint Proprioception in Patients with Posttraumatic Recurrent Patella Dislocation[J]. Knee Surgery，Sports Traumatology，Arthroscopy，1996（4）：14-18.

[55] 焦爽，闫汝蕴.本体感觉训练预防踝关节运动损伤研究进展[J].中国运动医学杂志，2009（6）：713-716.

[56] 王春阳，宋君毅，吕秋壮.篮球运动员踝关节柔韧性、本体感觉与踝关节损伤的预期性研究[J].广州体育学院学报，2003（3）.

[57] 解强，李方祥，李国平，等.关节镜下四股腘绳肌腱重建膝前交叉韧带及术后康复训练对膝关节本体感觉的改善效果[J].中国运动医学杂志，2005（6）.

[58] 楚宇鹏，孔建中.骶髂关节韧带本体感觉的研究进展[J].中国骨与关节损伤杂志，2005（6）：89-90.

[59] 李玉周，胡英琪，李国平.本体感觉测试的敏感性角度指标选取研究[J].中国运动医学杂志，2013（8）：704-709.

[60] Hislop H J，Perrine J J. The Isokinetic Concept of Exercise[J].Phys Ther，1967（47）：114-117.

[61] 黄志平，尹彦，刘敏，等.等速肌力测试与训练技术的研究进展[J].体育科技，2011（4）：52-58.

[62] Shirado O，Itoh T，Kaneda K，et al.Concentric and Eccentric Strength of Trunk Muscles：Influence of Test Postures on Strength and Characteristics of Patients with Chronic Low-back Pain[J]. Archives of Physical Medicine and Rehabilitation，1995（77）：604-611.

[63] Gibson A，Lambert M，Durandt J，et al. Quadriceps and Hamstrings Peak to Rqueratio Changes in Persons with Chronic Anterior Cruciate Ligament Deficiency [J]. J Orthop Sports Phys Ther，2000（7）：418.

[64] Kannus P. Isokinetic Evaluation of Muscular Performance：Implications for Muscle Testing and Rehabilitation[J]. Int J Sports Med，1994（15）：S11-S18.

[65] Kannus P，Jarrinen M. Knee Flexor/Extensor Strength Ratio in

Following-up of Acute Knee Distortion Injuries[J]. Arch Phys Med Rehabil，1990（71）：38-41.

[66] 刘阳. 人体平衡能力的测试方法及平衡能力训练的研究进展[J].沈阳体育学院学报，2007（4）：75-77.

[67] 金冬梅，燕铁斌.平衡功能临床评定研究进展[J].中华物理医学与康复杂志，2002（3）：187-189.

[68] Mattacola C G，Lloyd J W. Effects of 6-week Strength and Proprioception Training Program in Measures of Dynamic Balance：A Single-case Design [J]. Athl Train，1997（32）：127-135.

[69] Blackburn T，Guskiewicz K M，Petschaur M A，Prentice W E. Balance and Joint Stability：the Relative Contributions of Proprioception and Muscular Strength [J]. Sport Rehabilitation，2000（9）：315-328.

[70] Akuthota V，Nadler S F. Core Strengthening [J]. Archives of Physical Medicine and Rehabilitation，2004（3）：85-92.

[71] McGill，S. Low Back Disorders：Evidence-based Prevention and Rehabilitation [M]. Champaign，IL：Human Kinetics，2002.

[72] Nadler S F，Malanga G A，Feinberg J H，et al. Functional Performance Deficits in Athletes with Previous Lower Extremity Injury[J]. Clin J Sport Med，2002（2）.

[73] 黎涌明，于洪军，资薇，等.论核心力量及其在竞技体育中的训练——起源、问题、发展[J].体育科学，2008（4）：19-29.

[74] 申喆.核心稳定性训练对中学生排球运动员专项运动素质影响的研究[D].天津：天津师范大学，2012.

[75] 屈萍.核心稳定性力量训练[M].武汉：中国地质大学出版社有限

责任公司，2011.

[76] 赵亮，葛春林，陈小平.高水平沙滩排球运动员核心稳定性与下肢专项移动能力的相关性研究[J].北京体育大学学报，2013（1）：134-139.

[77] Ellenbecker T, Roetert P. An Isokinetic Profile of Trunk Rotation Strength in Elite Tennis Player [J]. Medicine & Science in Sports & Exercise, 2004（11）：1959-1963.

[78] Janice K. Loudon, Lower Extremity Functional Testing and Measures[C].The NATA Education Council-Continuing Education Subcommittee Held in Conjunction with the District 5 Meeting, 2004（3）.

[79] Nesser T W, Huxel K C, Tincher J L, et al. The Relationship between Core Stability and Performance in Division I Football Players[J].J Strength Conditioning Res, 2008（6）：1750-1754.

[80] Abt J P, Smoliga J M, Brick M J, et al. Relationship between Cycling Mechanics and Core Stability[J]. J Strength Conditioning Res, 2007（4）：1300-1304.

[81] Cook E G, Burton L, Hogenboom B.The Use of Fundamental Movements as An Assessment of Function. Part 1[J]. North American Journal of Sports Physical Therapy, 2006（2）：62-72.

[82] Gray C, Lee B, Kyle K, et al. Movement-functional Movement Systems [M]. Target Publications, 2010：28-30.

[83] Bill F. High Performance Sports Conditioning[M]. Champaign, I L: Human Kinetics, 2001.

[84] Gray C. Athletic Body in Balance [M]. Champaign, I L: Human Kinetics, 2005.

[85] Screen F M. FMS History[EB/OL].http：//www.functionalmovement. com/about.

[86] Michael B. Advanced in Functional Training[M]. Target Publications，2010：40-41.

[87] 闫琪，师玉涛.功能性体能训练在排球项目中的应用[J].中国体育教练员，2012（1）：22-24.

[88] 程翀.竞技体育动作模式的优化设计 —— 以帆板和网球项目为例[D].北京：北京体育大学，2012.

[89] 刘凯.功能动作筛查在游泳运动员体能训练中的运用[D].北京：北京体育大学，2013.

[90] 杨红标.中国女乒运动员运动损伤预防训练方法的研究[D].北京：首都体育学院，2013.

[91] 胡鑫，李春雷，李丹阳.功能性测试（FMS）及对短跑技术的理论应用研究[J].运动，2011（9）：22-24.

[92] 徐萌.功能动作筛查（FMS）在男子划艇运动中的应用研究[J].青少年体育，2012（2）：59-61.

[93] 李欣.皮划艇激流回旋运动员专项竞技能力及训练方法研究[D].郑州：河南大学，2012.

[94] 符永超.深圳市皮划艇运动员身体功能动作测试分析[J].湖北体育科技，2012（3）：369-370.

[95] 封旭华，杨涛，孙莉莉，等.功能性动态拉伸训练对男子足球运动员功能动作测试（FMS）和运动损伤患病率的影响[J].体育科研，2011（5）：33-36.

[96] 王一丁，王曼，张宏宇.北京市专业跆拳道运动员功能性运动测

试及结果研究[J].搏击（体育论坛），2012（9）：68-70.

[97] 王珂.对首都体育学院运动训练专业篮球专项学生功能动作筛查结果的研究[D].北京：首都体育学院，2013.

[98] 王曼，王一丁.秦皇岛市中学生田径运动员FMS（功能性运动测试）测试及分析[J].科技信息，2012（18）：333-334.

[99] 牟必元.台州市青少年武术套路运动员功能性动作测试分析[J].湖北体育科技，2012（5）：611-612.

[100] 史衍.功能性动作筛查（FMS）在青少年体能训练中的应用研究[J].青少年体育，2013（3）：51-53.

[101] 朱海明，尹军，木志友，等.功能性动作筛查在特警队员身体训练中的应用研究[J].北京体育大学学报，2013（9）：140-144.

[102] 邓运龙.预防军事训练伤的功能动作筛查与纠正练习[J].人民军医，2012（11）：1058-1059.

[103] Minick K L, Kiesel K B, Burton L, et al. Interrater Reliability of the Functional Movement Screen[J].Journal of Strength & Conditioning Research, 2010（2）：479-486.

[104] Frost D M, Beach T A, Callaghan J P, et al. Movement Screening for Performance: What Information Do We Need to Guide Exercise Progression? [J]. Journal of Strength & Conditioning Research, 2011（25）.

[105] Frohma A, Heijve A, Kowlski J, et al. A Nine-test Screening Battery for Athletes: A Reliability Study[J]. Scand J Med Sci Sports, 2012（3）：306-315.

[106] Onate J A, Dewey T, Kollock R O, et al. Real-time Intersession and Interrater Reliability of the Functional Movement Screen[J]. Journal

Strength and Conditioning Research，2012（2）：408-415.

[107] Schneiders A G，Davidsson A，Hoeman E，et al. Functional Movement Screen Normative Values in A Young，Active Population[J].Int J Sports Phys Ther，2011（2）：75-82.

[108] Smith C A，Chimera N J，Wright N，et al. Interrater and Intrarater Reliability of the Functional Movement Screen[J]. Journal of Strength and Conditioning Research，2012（4）：982-987.

[109] Teyhen D S，Shaffer S W，Lorenson C L，et al. The Functional Movement Screen：A Reliability Study [J].Journal Orthopaedic & Sports Physical Therapy，2012（6）：530-540.

[110] 黎涌明，资薇，陈小平.功能性动作测试（FMS）应用现状[J].中国体育科技，2013（6）：105-111.

[111] Kiesel K，Plisky P J，Voight M L. Can Serious Injury in Professional Football Be Predicted by A Preseason Functional Movement Screen? [J]. North American Journal of Sports Physical Therapy，2007（3）：147-159.

[112] Kiesel K，Plisky P，Butler R.Functional Movement Test Scores Improve Following A Standardized Off-season Intervention Program in Professional Football Players[J]. Scandinavian Journal of Medicine & Science in Sports，2011（2）：287-292.

[113] An H M，Miller C G，Mcelveen M，et al. The Effect of Kinesio Tape® on Lower Extremity Functional Movement Screen Scorers[J]. Inte J Exe Sci，2012（3）：196-204.

[114] Peate W F，G Bates K Lunda，et al. Core Strength：A New Model

for Injury Prediction and Prevention[J].Journal of Occupational Medicine and Toxicology，2007（3）：1-9.

[115] Cowen V S. Functional Fitness Improvements after A Work Site-based Yoga Initiative[J]. Journal of Bodywork Movement Therapies，2010（1）：50-54.

[116] Okada T，Huxel K C, et al. Relationship between Core Stability, Functional Movement and Performance[J].Journal of Strength & Conditioning Research, 2011（1）：252-261.

[117] Parchmann C J Mcbride J M. Relationship between Functional Movement Screen and Athletic Performance[J].Journal of Strength and Cond-itioning Research，2011（12）：3378-3384.

[118] Bird S，Barrington B H，Hendarsin F. Relationship between Functional Movement Screening and Physical Fit Characteristics in Indonesian Youth Combat Sport Athletes [C]//4th Exercise and Sports Science Australia Conference，2010.

[119] Lynn S K，Noffal，G J.Hip and Knee Moment Differences between High and Low Rated Functional Movement Screen Squats [J]. Medicine & Science in Sports & Exercise，2010（5）：402.

[120] Butler R J，Elkins B，Kiese K B，et al. Gender Differences in Functional Movement Screen and Y-balance Test Scores in Middle School Aged Children [J]. Medicine & Science in Sports & Exercise，2009（5）：183.

[121] Peate W F，Bates G，Lunda K，et al. Core Strength：A New Model for Injury Prediction and Prevention[J]. Journal of Occupational Medicine and Toxicology，2007（3）：1-9.

[122] Perry F T, Koehle M S. Normative Data for the Functional Movement Screen in Middle-aged Adults[J]. Journal of Strength and Conditioning Research, 2013（2）: 458-462.

[123] Appel B M. The Capability of the Functional Movement Screen to Predict Injury in Division I Male and Female Track and Field Athletes[M]. Utah: Utah State University, 2012.

[124] Sorenson E. Functional Movement Screen as A Predictor of Injury in High School Basketball Athletes [M]. Oregon: University of Oregon, 2009.

[125] Cook G, Burton L, Hoogenboom B. Pre-participation Screen: the Use of Fundamental Movements as An Assessment of Function-part 2[J].North American Journal of Sports Physical Therapy, 2006（3）: 132-139.

[126] Hale S A, Hertel J, Olmsted-Kramer L C. The Effect of a 4-week Comprehensive Rehabilitation Program on Postural Control and Lower Extremity Function in Individuals with Chronic Ankle Instability[J]. Journal of Orthopaedic Sports Physical Therapy, 2007（6）: 303-311.

[127] Ruiz R, Richardson M T. Functional Balance Training Using A Domed Device [J]. Journal of Strength & Conditioning, 2005（1）: 50-55.

[128] Chaiwanichsiri D, Lorprayoon E, Noomanoch L. Star Excursion Balance Training: Effects on Ankle Functional Stability after Ankle Sprain[J]. Journal of Medical Association of Thailand, 2005（4）: 90-94.

[129] Kidgell D J, Horvath D M, Jackson B M, et al. Effect of Six Weeks of Dura Disc and Mini-trampoline Balance Training on Postural Sway in Athletes with Functional Ankle Instability[J]. Journal of Strength and Conditioning Research, 2007（2）: 466-469.

[130] Hrysomallis C. Relationship between Balance Ability, Training and Sports Injury Risk [J]. Sports Med, 2007（6）: 547-556.

[131] 易景茜，黄鹏，周晨.关于平衡训练在青少年网球训练课中安排的实验研究[J].南京体育学院学报（自然科学版），2009（4）: 35-36.

[132] Lee A J, Lin W H. Twelve-week Biomechanical Ankle Platform System Training on Postural Stability and Ankle Proprioception in Subjects with Unilateral Functional Ankle Instability[J]. Clinical Biomechanics, 2008（8）: 1065-1072.

[133] 汤宇.慢性踝关节不稳定治疗新进展[J].中国康复理论与实践，2008（5）: 449-451.

[134] Holdsworth F. Fractures, Dislocations and Fracture-dislocations of the Spine [J]. J Bone Joint Surg, 1970（52）: 1534-1551.

[135] Denis F. The Three Column Spine and Its Significance in the Classification of Acute Thoracolumbar Spinal Injuries [J].Spine, 1983（8）: 813-817.

[136] Pope M H, Panjabi M. Biomechanical Definitions of Spinal Instability [J]. Spine, 1985（10）: 255-256.

[137] Kibler W B, 等.核心稳定性在人体运动中的作用[J].周瑾，译.北京体育大学学报，2008（12）: 1710-1714.

[138] 陈勇，陈晶.核心稳定性训练的研究综述[J].宜春学院学报，2008（4）: 108-124.

[139] 赵佳.我国高水平网球运动员力量训练理论与实践[D].北京：北京体育大学，2009.

[140] Cordo P J, Nashner L M. Properties of Postural Adjustments

Associated with Rapid Arm Movements[J]. Journal of Neurophysiology，1982（2）：287-398.

[141] Zattara，Bouisset S. Posturo-kinetic Organization during the Early Phase of Voluntary Upper Limb Movement（1）：Normal Subjects[J]. Journal of Neurology，Neurosurgery and Psychiatry，1988（51）：956-965.

[142] 于红妍.优秀20公里竞走运动员功能性力量的特征及其对技术影响研究[D].北京：北京体育大学，2009.

[143] 韩春远，王卫星，成波锦，等.核心力量训练的基本问题——核心区与核心稳定性[J].天津体育学院学报，2012（2）：117-120+172.

[144] 冯建军，袁建国.核心稳定性与核心力量研究述评[J].体育学刊，2009（11）：58-62.

[145] Cresswell A G，Oddsson L，Thorstensson A. The Influence of Sudden Perturbations on Trunk Muscle Activity and Infra-abdominal Pressure while Standing [J]. Experimental Brain Res，1994（98）：336-341.

[146] Macintosh J E，Gracovetskys. The Bio-mechanics of the Thora-columbar Fasscia [J]. Clint Biomech，1987（2）：78-83.

[147] Liemohn W P，Baumgartner T A，Gagnon L H. Measuring Core Stability [J]. Journal of Strength and Conditioning Research，2005（3）：583-586.

[148] Kibler W B，Press J，Sciascia A. The Role of Core Stability in Athletic Function [J]. Sports Med，2006（3）：189-198.

[149] 赵佳.核心区力量及其训练研究进展[J].天津体育学院学报，2009（3）：218-220.

[150] 史明.核心力量练习对提高普通本科生足球运动员快速力量的实

验研究[D].北京：北京体育大学，2009.

[151] 冯冰，危智良.核心力量训练研究进展述评[J].体育科技文献通报，2011（8）.

[152] 王冬月.核心力量训练与人体形态美的塑造[J].山东体育学院学报，2009（6）：81-83.

[153] 张清华，蒋秋艳.竞走运动员核心力量训练方法[J].中国体育教练员，2008（4）：44-45.

[154] 王卫星，廖小军.核心力量训练的作用及方法[J].中国体育教练员，2008（2）：12-15.

[155] 尹军.躯干支柱力量与动力链的能量传递[J].中国体育教练员，2012（3）：40-43.

[156] Putnam C A. Sequential Motions of Body Segments in Striking and Throwing Skills：Descriptions and Explanations[J]. Journal of Biomech，1993（26）：125-135.

[157] Tracy M H. Core Training for Improved Performance[J]. NACA's Performance Training Journa，2003（5）：26-30.

[158] 于红妍，李敬勇，张春合，等.运动员体能训练的新思路——核心稳定性训练[J].天津体育学院学报，2008（2）：128-130.

[159] 杜震城.击剑运动员的核心力量训练[J].体育科研，2007（6）：72-74.

[160] Borghuis J，Lemmink M. The Importance of Sensory-motor Control in Providing Core Stability [J]. Sports Med，2008（11）：893-916.

[161] 王卫星，李海肖.竞技运动员的核心力量训练研究[J].北京体育大学学报，2007（8）：1119-1121+1131.

[162] Mattacola C G，Lloyd J W. Effects of A 6-week Strength and Proprioception Training Program on Measures of Dynamic Balance：A Single-case Design [J]. Journal of Athletic Training，1997（2）：127-135.

[163] Blackburn T，Guskiewicz K M，Petschaur M A，et al. Balance and Joint Stability：the Relative Contributions of Proprioception and Muscular Strength [J]. Journal of Sport Rehabilitation，2000（4）：315-328.

[164] Paul J，Goodman M S. The "Core" of the Workout Should Be on the Ball [J]. NACA's Performance Training Journal，2003（5）：9-25.

[165] 孟献峰，冯嘉.核心力量训练对提高女子短跑运动员竞技能力的研究[J].山东体育学院学报，2009（4）：66-68.

[166] 魏晓燕，刘行明.中长跑运动员的核心稳定性训练研究[J].山东体育学院学报，2008（1）：57-60.

[167] 谷化铮，陈刚.核心力量训练在投掷项目最后用力动作链中的应用研究[J].广州体育学院学报，2009（4）：79-81.

[168] 胡艳丹.青少年短跑运动员核心力量的训练[J].山西体育科技，2008（3）：24-25.

[169] 罗端芬.游泳核心力量训练的研究[J].游泳季刊，2008（1）：1-5.

[170] 李建臣，周凯岚，师玉涛，等.悬吊训练对技能主导类表现难美性项目核心力量训练的实验研究——以跳水项目为例[J].武汉体育学院学报，2010（2）：53-57.

[171] Leetun D T，Ireland M L，WilLson J D，et al.Core Stability Measures as Risk Factors for Lower Extremity Injury in Athletes[J]. Medicine and Science in Sports and Exercise，2004（6）：926-934.

[172] Ireland M L.The female ACL：Why Is It More Prone to Injury？ [J].

Orthop Clin North Am，2002（4）：637-651.

[173] Zazulak B T，Hewett T E，Reeves N P，et al. Deficits in Neuromuscular Control of the Trunk Predict Knee Injury Risk：A Prospective Biomechanical-Epidemiologic Study [J].Am J Sports Med，2007（7）：1123-1130.

[174] 谭同才，朱可赢.核心稳定训练对预防足球运动员踝关节扭伤的研究[C]//中国康复医学会第九届全国康复治疗学术年会论文集，2012.

[175] 阙庆辉，陈倩婧，何锋.针刺配合核心稳定锻炼治疗膝骨性关节炎35例[J].中国针灸，2012（2）：143-144.

[176] Behm D G，Leonard A M，Young W B，et al. Trunk Muscle Electromyographic Activity with Unstable and Unilateral Exercise[J]. Journal of Strength and Conditioning Research，2005（1）：193-201.

[177] Jeffreys I. Developing A Progressive Core Stability Program[J]. Strength and Conditioning Journal，2002（5）：65-66.

[178] Panjabi M M. The Stabilizing System of the Spine（Part Ⅱ）：Neutral Zone and Instability Hypothesis[J]. Journal of Spinal Disorders，1992（4）：390-397.

[179] Samson K M. The Effects of A Five-week Core Stabilization-training Program on Dynamic Balance in Tennis Athletes [D]. Morgantown：West Virginia University，2005.

[180] 孙文新.现代体能训练——核心力量训练方法[M].北京：北京体育大学出版社，2010.

[181] 姚俊.核心稳定性训练对散打运动技能影响的研究[D].北京：北京体育大学，2010.

[182] 赵龙.核心力量训练对大学生等速肌力及无氧和有氧运动能力的影响[D].济南：山东师范大学，2013.

[183] 朱轶.揭秘中国"梦之队"洋专家团[N].东方早报，2012-04-20.

[184] 刘鹏.在伦敦奥运会中国体育代表团总结表彰大会上的讲话[N].中国体育报，2012-08-18.

[185] 体育事业发展"十二五"规划[N].中国体育报，2011-04-01.

[186] 王静，李刚.国家体育总局训练局迎60华诞：刘鹏希望全面提高业务保障能力[N].中国体育报，2011-12-07.

[187] Sarah B. Illustrations from the Wellcome Institute Library：Medical Gymnastics and the Cyriax Collection [J]. Medical History，1997（41）：487-495.

[188] Gray C，Keith F. Functional Training for the Torso[J].NSCA Journal，1997（4）：14-19.

[189] Schmidt，Richard A. Motor Learning and Performance：from Principles to Practice[M]. Champaign IL：Human Kinetics，1991.

[190] Gambetta V. Force and Function [J]. Training & Conditioning，1999（5）：36-40.

[191] Boyle M. Functional Training for Sports[M].Champaign IL：Human Kinetics，2003.

[192] Steven P. Functional Training [EB/OL]. [2006-08-11].http：//www.nsca-lift.org.

[193] Gambetta V. Athletic Development [M].Champaign IL：Human Kinetics，2004.

[194] Santana J C. Functional Training：Breaking the Bonds of Traditionalism [M]. Boca Raton FL：Optimum Performance Systems，2000.

[195] Santana J C. The Essence of Program Design[M].Boca Raton FL：Optimum Performance Systems，2004.

[196] Gray C. Functional Video Digest Series [EB/OL]. http：//www. functional designsystems.com.

[197] 张建华，孙璞，杨国庆.功能训练的反思[J].天津体育学院学报，2012（5）：408-410.

[198] 闫琪，任满迎，赵焕彬.论竞技体育中功能性体能训练的特点及其应用[J].山东体育科技，2012（3）：1-4.

[199] Hakkinen K，Komi P V. Scandinavian Journal of Sports Science [M].1985.

[200] Radcliffe J C. Functional Training for Athletes at All Levels[M]. Champaign I L：Human kinetics，2007.

[201] Verstegen M，Williams P. Core Performance Endurance[M].Rodale Books，2008.

[202] 刘爱杰，李少丹.竞技体育的核心训练[J].中国体育教练员，2007（4）：4-6.

[203] 刘爱杰，李少丹.我国运动训练方法创新的思考[J].中国体育教练员，2007（3）：4-6.

[204] 闫琪，任满迎，黄岩，等.全面认识功能性体能训练[J].中国体育教练员，2012（1）：16-18.

[205] 闫琪.功能性体能训练在我国的发展[J].中国体育教练员，2011（4）：34-36.

[206] 闫琪，王明波.应用功能性体能训练提高曲棍球运动员的拉射球速[J].中国体育教练员，2012（1）：25-26.

[207] 闫琪.优秀女子曲棍球运动员功能性体能训练方法体系的构建与实证研究[D].石家庄：河北师范大学，2012.

[208] Higashihara A，Ono T，Kubota J，et al. Functional Differences in the Activity of the Hamstring Muscles with Increasing Running Speed[J]. Journal of Sports Sciences，2010（10）：1085-1092.

[209] 张英波.人体动作模式的稳定性与灵活性[J].中国体育教练员，2012（3）.

[210] 祝丹.中国男排与世界强队运动员年龄、身高、体重、克托莱指数、扣球高度、拦网高度诸因素对比分析[J].吉林体育学院学报，2009（4）：43-44.

[211] 邢红林，李守才，孙保明.1996—2005年男排联赛运动员5项非技术性因素的动态发展[J].体育学刊，2006（4）：125-127.

[212] 曹艾哲.中国男排与北京奥运会四强队的非技术指标的比较研究[J].北京体育大学学报，2009（11）：117-119.

[213] 高永艳.中国男排与世界男排强队进攻技战术及相关因素的比较研究[D].济南：山东师范大学，2006.

[214] 张兴林，葛春林.我国国家男女排运动员身体素质训练现状及存在的问题[J].山东体育学院学报，2007（1）：78-80.

[215] 赵文娟.我国青年男子排球运动员身高、体重和部分身体素质特征的研究[J].中国体育科技，2010（1）：80-83.

[216] 杨帅.08（2008年）奥运（会）后中国男排重要比赛各轮次强弱特征分析[D].北京：北京体育大学，2012.

[217] 王琳琳.我国青年排球不同专位运动员运动损伤特征研究[D].西安：西安体育学院，2010.

附录1 功能性动作筛查

　　进行筛查前，受试者不进行任何热身活动。测试工作人员向全体参加测试的受试者介绍7个基本筛查动作。按照功能性动作筛查的要求，由同一位测试工作人员依次对受试者进行测试。当受试者在完成动作的过程中出现疼痛，此动作得分为零。对测试过程中出现零分的情况进行详细记录，并在测试结束后单独进行病史、病因询问。

　　测试目的：

　　确定受试者的代偿动作和薄弱环节，预测受试者受伤的风险。为其他测试指标和结果提供参考。

　　测试方法：

　　动作1：深蹲

　　目的：

　　测试双侧下肢三关节的活动度和对称性，以及双侧肩关节和脊柱的对称性。

　　受试者双脚分开，与肩同宽；双手握杆，双臂与杆垂直并上举过头顶；逐渐下蹲至深蹲位，双脚脚跟始终着地，同时保持抬头、挺胸，杆在头顶之上。下蹲三次，如果还是不能完成这个动作，在受试者双脚脚跟下垫FMS套件中的板子，再使其完成以上动作。

评分标准：

3分：躯干与小腿平行或躯干趋于垂直，大腿低于水平面，膝关节沿脚尖方向运动且不超过脚尖，直杆始终处于双脚正上方；2分：受试者双脚脚跟下垫测试板后可以达到3分标准；1分：垫高双脚脚跟后仍不能达到2分标准。（见图86）

注：a为3分动作正面图，b为3分动作侧面图，c为2分动作正面图，d为1分动作正面图。

图86　FMS测试中深蹲动作不同得分情况示意

动作2：过栏架

目的：

测试双侧下肢三关节的活动度和稳定性。

测量受试者胫骨粗隆高度并调整栏架，与其同高。受试者双脚并拢站在栏架正后方，双手握杆于颈后肩上保持水平。受试者缓慢地抬起一条腿跨过栏杆，脚跟触地，支撑腿保持直立，重心放在支撑腿上，并保持稳定。缓慢地恢复到起始姿势，进行三次后换另一条腿，重复以上动作，记录最低得分。

评分标准：

3分：髋、膝和踝关节始终处于矢状面，腰椎几乎没有晃动，直杆与标志线始终平行；2分：完成动作，但未能达到3分标准；1分：跨侧足触到标志线，或者在完成动作的过程中失去平衡。（见图87）

注：a为3分动作正面图，b为3分动作侧面图，c和d为2分动作正面图。

图87　FMS测试中跨栏架动作不同得分情况示意

动作3：弓步直线蹲

目的：

测试双侧踝关节和膝关节的活动度和稳定性。

首先测量受试者胫骨的长度。受试者踩在一块测试板上，左腿在起始线处，右腿向前迈出一步，以脚跟着地处作为标记，间距为其胫骨长度。左手在上，右手在下，在身后握住直杆，使直杆始终与头、脊柱贴紧，双脚始终在一条直线上。三次下蹲至后膝在前脚脚跟后触板。双侧上下肢交换，再次完成测试，取两次测试的低分为测试得分。

评分标准：

3分：保持直杆与身体有三处接触，躯干在完成动作的过程中保持稳定，直杆与双脚始终处于矢状面，后膝能够触及前脚脚跟；2分：完成动作，但未能达到3分标准；1分：在完成动作的过程中失去平衡。（见图88）

注：a为3分动作正面图，b为3分动作侧面图，c为2分动作侧面图，d为2分动作正面图。

图88   FMS测试中弓步直线蹲动作不同得分情况示意

动作4：肩关节活动度测试

目的：

测试肩关节在内部和外部旋转情况下的关节活动度，综合测试、评价肩关节的内旋、后伸及内收能力。

测量受试者手掌长度。受试者保持站立姿势，双臂朝水平方向伸直，双手握拳。双手同时收到背后，左手在上，右手在下，记录两拳间的距离。换手后重复以上测试，取两次测试的低分为测试得分。

评分标准：

3分：两拳间距离小于1掌长；2分：两拳间距离小于1.5掌长；1分：两拳间距离大于1.5掌长。（见图89）

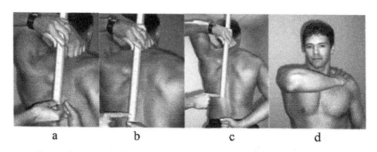

注：a为3分动作背面图，b为2分动作背面图，c为1分动
作背面图，d为肩部疼痛排除动作。

图89 FMS测试中肩关节活动度动作不同得分情况示意

动作5：仰卧抬腿

目的：

评价腘绳肌与比目鱼肌的柔韧性，保持骨盆的稳定性和对侧腿的主动
伸展能力。

受试者仰卧在垫上，膝盖下被放置测试板，直杆被放在髌骨和髂前上
棘中点处。被测腿伸直，上抬至个人极限，脚背屈，对侧腿始终与测试板
接触。完成双侧腿的测试，记录最低分。

评分标准：

3分：上抬腿的踝关节抬高至过直棒；2分：上抬腿的踝关节抬至直棒
与髌骨之间；1分：上抬腿的踝关节未能抬至髌骨上方。（见图90）

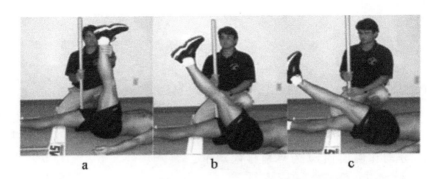

注：a 为 3 分动作侧面图，b 为 2 分动作侧面图，c 为 1 分动作侧面图。

图90 FMS测试中仰卧抬腿动作不同得分情况示意

动作6：躯干稳定俯卧撑

目的：

在上肢对称性活动中测试躯干水平面内的稳定性，同时直接测试肩胛骨的稳定性。

受试者俯卧，双脚脚尖着地；双手大拇指与发际在一条直线上。双臂下臂前伸，与上臂约成90°角并撑地，腰椎保持自然伸直状态。向上撑起，使身体整体抬起。如果不能完成此动作，可以下移下臂，使双手拇指与下颌在一条直线上，再完成一次动作。

评分标准：

3分：双手与前额（女性为下巴）在一条直线上；2分：双手与下颌（女性为锁骨）在一条直线上；1分：不能达到2分标准。（见图91）

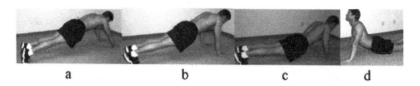

注：男性，a 为 3 分动作侧面图，b 为 2 分动作侧面图，c 为 1 分动作侧面图，d 为疼痛排除动作。

图91　FMS测试中躯干稳定俯卧撑动作不同得分情况示意

动作7：旋转稳定性

目的：

在上体和下体结合进行多方向运动时测定身体的稳定性。

受试者双膝、双手同时着地，并与测试板接触，肩部和髋部与躯干成 90°角，保持屈踝。受试者同时抬起同侧的手臂和腿并伸展，使其与躯干在一条直线上，并与测试板平行。然后同时收手和膝，使肘关节与膝关节接触。重复该运作三次后换另外一侧。如果不能做到同侧，可以使对侧肘关节与膝关节接触。

评分标准：

3分：同侧上下肢运动，脊柱保持水平；2分：对侧上下肢运动，脊柱保持水平；1分：对侧上下肢运动，脊柱未能保持水平。（见图92）

注：a 为 3 分动作肘膝相触，b 为 3 分动作上下肢伸展，c 为 2 分动作肘膝相触，d 为 2 分动作上下肢伸展，e 为 1 分动作，f 为疼痛排除动作。

图92　FMS测试中旋转稳定性动作不同得分情况示意

附录2 专家访谈提纲

题目一：您认为对男子排球运动员来说，下肢关节的稳定性是否非常重要？

题目二：您认为下肢关节的稳定性与男子排球运动员的运动伤病是否有一定的关系？

题目三：文献资料显示，影响运动员下肢关节稳定性的因素主要有运动员的本体感觉、下肢肌肉力量、核心力量及稳定性、下肢动力链能量传导等，您是否认同？您认为是否还有其他因素？

题目四：有文献表明，可以通过以下几类测试对运动员下肢关节的稳定性进行评价：本体感觉测试、等速肌力测试、核心力量及稳定性测试、平衡能力测试、功能性测试。您是否认同？您认为还应当增加哪些类别的测试？

题目五：身体运动功能训练体系的主要内容包括FMS测试、软组织唤醒、肌肉神经系统激活、脊柱力量准备、动作准备、快速伸缩复合力量训练、动作技能、多方向加速度训练、力量与旋转爆发力训练、能量系统发展、再生与恢复等。国家体育总局在备战伦敦奥运会期间首次与美国AP公司合作，在多支国家队的备战中应用了这一训练体系。您是否认同身体运动功能训练？您认为这种训练体系是否适合排球项目？这种训练是否有助于提高运动员下肢关节的稳定性？

题目六：在您了解的训练方法中，您认为有哪些方法可以提高下肢关节的稳定性？

附录3 专家问卷

尊敬的专家：

您好！

我是北京体育大学2011级博士生，本人的研究项目是"我国男排运动员下肢关节稳定性评价方法及干预手段"，因此，需要对能有效评价男子排球运动员下肢关节稳定性的测试指标进行筛选。作为排球项目或体能训练的专家，您的意见将具有十分重要的价值。恳请您在百忙之中抽出时间填写本问卷，您的回答除了用于本研究的数据统计之外，决不他用。对您真诚的帮助表示深深的谢意！

博士生：王隽

指导教师：王卫星教授

2013年3月

一、以下是可以对运动员下肢关节稳定性进行评价的测试，请您按照有效性和可靠性的大小进行排序，并将序号填在前面的横线上。将最有效、可靠的测试排在第一位。

There are 5 kinds of tests to evaluate the lower extremity joint stability. Please turn be sorted according to the validity and reliability, and write the number in "_____".

_____本体感觉测试 Proprioception Test

_____等速肌力测试 Isokinetic Test

_____核心力量及稳定性测试 Core Strength and Stability

_____平衡能力测试 Balance Test

_____功能性测试 FMS

您认为是否还有其他可以对运动员下肢关节稳定性进行评价的测试？如果有，请写明_____，您认为此项测试的排序应当为_____。

Do you think any other tests will be also reliable? Please write it down _____and give it a number_____.

二、本体感觉测试主要有以下指标。请您按照指标的有效性及可操作性依次进行排序，并将序号填在该指标后面的括号里。将有效性和可操作性程度高的排在前面。

Proprioception test has the following indicators. Please turn be sorted according to the validity and reliability, and write the number in（ ）.

踝关节 Ankle	优势侧关节空间位置觉主动30°（ ） Dominant Side Joint Position Sense Active 30°
	优势侧关节空间位置觉被动30°（ ） Dominant Side Joint Position Sense Passive 30°
	非优势侧关节空间位置觉主动30°（ ） Non-dominant Side Joint Position Sense Active 30°
	非优势侧关节空间位置觉被动30°（ ） Non-dominant Side Joint Position Sense Passive 30°

续表

膝关节 Knee	优势侧关节空间位置觉主动 30°（　） Dominant Side Joint Position Sense Active 30°
	优势侧关节空间位置觉被动 60°（　） Dominant Side Joint Position Sense Passive 60°
	非优势侧关节空间位置觉主动 30°（　） Non-dominant Side Joint Position Sense Active 30°
	非优势侧关节空间位置觉被动 60°（　） Non-dominant Side Joint Position Sense Passive 60°

三、等速肌力测试主要有以下指标，请您按照指标的有效性及可操作性进行排序，并将序号填在该指标后面的括号里。将有效性和可操作性程度高的排在前面。

Isokinetic test has the following indicators. Please turn be sorted according to the validity and reliability，and write the number in（　）.

踝关节 Ankle	双侧跖屈肌群峰力矩/体重（　） Peak TQ/BW of Plantar Flx
	双侧内翻肌群峰力矩/体重（　） Peak TQ/BW of Inversion
	双侧背屈肌群峰力矩/体重（　） Peak TQ/BW of Dorsi Flx
	双侧外翻肌群峰力矩/体重（　） Peak TQ/BW of Eversion
	双侧背屈、跖屈肌群比率（　） Agon/Antag Ratio of Dorsi Flx and Plantar Flx
	双侧内翻、外翻肌群屈伸比率（　） Agon/Antag Ratio of Eversion and Inversion

续表

踝关节 Ankle	双侧跖屈、背屈肌群峰力矩差值（　） Deficits of Plantar Flx and Dorsi Flx
	双侧内翻、外翻肌群峰力矩差值（　） Deficits of Eversion and Inversion
膝关节 Knee	优势侧伸肌群峰力矩/体重（　） Dominant Side Peak TQ/BW of Extension
	优势侧屈肌群峰力矩/体重（　） Dominant Side Peak TQ/BW of Flexion
	非优势侧伸肌群峰力矩/体重（　） Non-dominant Side Peak TQ/BW of Extension
	非优势侧屈肌群峰力矩/体重（　） Non-dominant Side Peak TQ/BW of Flexion
	双侧屈肌、伸肌比率（　） Agon/Antag Ratio of Extension and Flexion
	双侧屈肌群、伸肌群峰力矩差值（　） Deficits of Extension and Flexion
髋关节 Hip	优势侧伸肌群峰力矩/体重（　） Dominant Side Peak TQ/BW of Extension
	优势侧屈肌群峰力矩/体重（　） Dominant Side Peak TQ/BW of Flexion
	非优势侧伸肌群峰力矩/体重（　） Non-dominant Side Peak TQ/BW of Extension
	非优势侧屈肌群峰力矩/体重（　） Non-dominant Side Peak TQ/BW of Flexion
	双侧屈肌群、伸肌比率（　） Agon/Antag Ratio of Extension and Flexion
	双侧屈肌群、伸肌群峰力矩差值（　） Deficits of Extension and Flexion

四、核心力量及稳定性测试主要有以下指标。请您按照指标的有效性及可操作性进行排序，并将序号填在该指标前面的横线上。将有效性和可操作性程度高的排在前面。

Core strength and stability test has the following indicators. Please turn be sorted according to the validity and reliability，and write the number in "_____".

_____俯桥 Front Bridge

_____仰桥 Glute Bridge

_____侧桥 Side Bridge

_____1分钟仰卧起坐 1 Minute Sit–ups

_____侧抛实心球 Lateral Med. Ball Toss

五、平衡能力测试主要有以下指标。请您按照指标的有效性及可操作性进行排序，并将序号填在该指标前面的横线上。将有效性和可操作性程度高的排在前面。

Balance test has the following indicators. Please turn be sorted according to the validity and reliability，and write the number in "_____".

_____左右侧动态平衡值 Left and Right Test Score

_____左右侧动态平衡差值 Deficits of Left and Right Test Score

_____闭目单脚支撑 Single Leg Stance Test，SLST

六、功能性测试主要有以下指标。请您按照指标的有效性及可操作性进行排序，并将序号填在该指标前面的横线上。将有效性和可操作性程度高的排在前面。

Functional test has the following indicators. Please turn be sorted according to the validity and reliability，and write the number in "_____".

＿＿＿＿功能性动作筛查（FMS）

问卷效度检验：

问题1：您认为本问卷在内容设计上是否满足本研究的需要？

Q1：Do you think the content designed on this questionnaire is enough for this study?

问题2：您认为本问卷中的题目是否全面概括了本研究的内容？

Q2：Do you think the questions in this questionnaire are comprehensively summarized the content of this study?

	非常满意 Very satisfied	满意 satisfied	基本满意 Ok	不太满意 Not enough	不满意 No
问题1（Q1）					
问题2（Q2）					

再次诚挚感谢您的认真填写，感谢您对本研究的大力支持！

Sincerely thank you for your help to the study！